O que os donos do poder não querem que você saiba

Eduardo Moreira

O que os donos do poder não querem que você saiba

16ª edição

Rio de Janeiro
2023

Copyright © Eduardo Moreira, 2019

CIP-BRASIL. CATALOGAÇÃO NA PUBLICAÇÃO
SINDICATO NACIONAL DOS EDITORES DE LIVROS, RJ

M837q
16ª ed.

Moreira, Eduardo
O que os donos do poder não querem que você saiba / Eduardo Moreira. – 16ª ed. – Rio de Janeiro: Civilização Brasileira, 2023.
128 p.

ISBN 978-85-200-1407-3

1. Economia. 2. Capitalismo. I. Título.

19-60456

CDD: 330
CDU: 33

Vanessa Mafra Xavier Salgado – Bibliotecária – CRB-7/6644

Todos os direitos reservados. Proibida a reprodução, o armazenamento ou a transmissão de partes deste livro, através de quaisquer meios, sem prévia autorização por escrito.

Texto revisado segundo o novo Acordo Ortográfico da Língua Portuguesa.

Direitos desta edição adquiridos pela
EDITORA CIVILIZAÇÃO BRASILEIRA
Um selo da
EDITORA JOSÉ OLYMPIO LTDA.
Rua Argentina, 171 – Rio de Janeiro, RJ – 20921-380 – Tel.: (21) 2585-2000.

Seja um leitor preferencial Record.
Cadastre-se no site www.record.com.br
e receba informações sobre nossos
lançamentos e nossas promoções.

Atendimento e venda direta ao leitor:
sac@record.com.br

Impresso no Brasil
2023

SUMÁRIO

Introdução   7

1. O valor da informação   13
2. O maravilhoso e lucrativo mundo das finanças   19
3. O capitalismo   39
4. Esse estranho bicho homem   69
5. O modelo ideal de governo   83
6. Os impostos no capitalismo   113

Conclusões   121

INTRODUÇÃO

Em novembro de 2016 recebi um e-mail estranho em minha caixa de entrada, com o seguinte título: "Você está entre os finalistas do troféu Benchmark 2016." "Mais um daqueles spams que prometem prêmios e benefícios tentando roubar meu dinheiro", pensei. Em vias de apagá-lo, percebi que a primeira linha do texto trazia meu nome e sobrenome, então resolvi abri-lo. Para minha surpresa, não era fraude. Era um e-mail enviado pela principal revista de investimentos do país, e eu realmente havia sido votado como um dos três melhores economistas do Brasil!

Uma surpresa! Nunca imaginei que seria votado sequer entre os cem primeiros nomes dessa lista. Não somente por ser uma votação livre, sem nomes preestabelecidos em uma múltipla escolha, mas pelo simples fato de eu jamais ter exercido o cargo de economista em minha vida! Em meio a centenas de economistas brilhantes, com históricos acadêmicos fantásticos, ali estava eu, um engenheiro civil com apenas um *minor degree*

O QUE OS DONOS DO PODER NÃO QUEREM QUE...

em economia pela Universidade da Califórnia, celebrando meu lugar em um pódio tanto improvável como, talvez, injusto (a meu favor).

Resolvi solucionar o mistério de como meu nome havia parado lá. Descobri que a votação era feita considerando-se o peso dos investidores participantes. Investidores grandes recebiam um peso maior para seus votos. Logo, os maiores fundos de pensão do país, os maiores investidores de nosso mercado, haviam sido responsáveis por minha indicação. Foi então que me veio à cabeça o motivo. Entre 2015 e 2016, dei uma série de palestras para esses fundos de pensão explicando os conceitos básicos de investimentos. Só que do meu jeito – com exemplos, casos divertidos, participação dos espectadores –, enfim, de uma forma muito distinta daquela com a qual estavam acostumados. E adivinhem o que aconteceu? Eles finalmente aprenderam! E retribuíram elegendo-me um dos três maiores especialistas em economia do país.

Infelizmente vivemos em um mundo onde conhecemos muito pouco sobre aquilo que usamos, defendemos ou criticamos. Um mundo de aparências, preconceitos, propagandas e enganos. Sabemos pouco sobre o que comemos, sobre nossos investimentos, sobre as estruturas políticas e de poder e também sobre o que queremos. E é desse universo de desconhecimento, de comportamento míope e de manada que alguns poucos se aproveitam para ter cada vez mais poder, dinheiro e meios.

Este livro busca revelar e provocar. Abrir os olhos das pessoas para as coisas como elas são. Por exemplo: por que as pessoas

INTRODUÇÃO

admiram tanto os Estados Unidos, um país que, apesar de ser a nação mais poderosa do mundo, não está entre os dez mais seguros nem entre aqueles com a melhor educação, sistema de saúde ou IDH? Por que o ódio contra o regime político cubano e a indiferença em relação ao regime do Sudão, ou mesmo do Haiti (vizinho da ilha dos Castro), onde os indicadores sociais são muito piores? Por que aceitamos pagar mais de uma centena de bilhões de reais em tarifas para os grandes bancos todos os anos sem reclamar, mas paramos o país por um aumento de centavos na tarifa do ônibus?

Não, este livro não é antiamericano, socialista ou revolucionário. Não é sequer um livro que busca dar respostas corretas para seus leitores. É um livro que busca ajudá-los a enxergar as coisas como elas realmente são, para que os leitores possam, a partir daí, fazer as perguntas corretas. Será, portanto, incômodo. Um autor raramente escreve para fazer novos amigos. Normalmente perde um bocado deles ao fazê-lo. Escreve porque não aguenta mais saber sobre algo sozinho. Livros são, portanto, um desabafo egoísta de seus autores. Este é certamente um.

TUDO O QUE É JÁ FOI

Gosto muito de ler. Filosofia, psicologia e temas políticos estão entre os assuntos que mais me atraem e concentram mais de 90% dos livros que leio. Sofro de um sério distúrbio de atenção e dificilmente consigo prestar atenção em um só assunto por mais de meia hora. Ler é uma tarefa que adoro, mas bem difícil de ser executada. Quando chega o limite da meia hora é certo que começarei a voltar duas, cinco, dez vezes para o início do parágrafo que acabei de ler ao perceber que deixei voar minha concentração durante a leitura.

Sou assim desde os tempos de colégio, o que para mim significou um grande problema – afinal, existia a tal lição de casa, que me obrigava a passar boa parte das tardes (sempre estudei de manhã) concentrado, resolvendo problemas. As lições de casa eram um verdadeiro inferno. Não tenho vergonha de admitir que em toda a vida devo ter feito somente uma dezena delas: as que valiam nota e eram indispensáveis. Sempre fui um contestador voraz da obrigação de fazê-las. Claro, de forma egoísta, só pensando na minha dificuldade de concentração. Recentemente, assistindo a um documentário, vi que nas escolas da Finlândia, país que ocupa o primeiro lugar em alguns rankings de qualidade de educação, essa obrigatoriedade foi abolida. Pelo visto, eu estava à frente de meu tempo. Que bela desculpa encontrei!

A solução para minha incapacidade de concentração chegou com uma ideia relativamente ousada. Passei a fazer muitas coisas ao mesmo tempo, sempre. Se era para fazer um esporte, fazia vários: judô, surfe, natação, boxe, luta livre, atletismo e tantos outros. Se era para assistir a uma aula na escola ou na faculdade, eu tratava logo de arranjar um amigo ao lado para conversar. Ao fazer duas coisas ao mesmo tempo, conversar e assistir à aula, eu conseguia absorver melhor o conteúdo, migrando minha atenção para cá e para lá alternadamente (novamente sendo egoísta com um amigo, que acabava perdendo todo o conteúdo). E com os livros a solução foi a mesma. Ler vários ao mesmo tempo. Assim que começava a chegar no limite de minha

INTRODUÇÃO

concentração, eu passava para outro e seguia a leitura. Costumo ler simultaneamente entre cinco e oito livros, de assuntos tão diversos como culinária e filosofia. Essa foi a única forma de vencer a minha limitação.

A solução, porém, não é perfeita. Acabei me tornando um grande generalista na vida. Pratico vários esportes bem, mas nenhum muito bem. Converso sobre vários assuntos com conhecimento de causa, mas em nenhum deles sou um expert. Porém este sou eu. Como dizem os americanos: "*What you see is what you get*", ou em tradução livre: "Sou isso mesmo que você está vendo."

Ler muitos livros ao mesmo tempo tem suas vantagens. É inevitável que em algum momento você acabe fazendo comparações entre seus conteúdos, temáticas, abordagens e, principalmente, seus autores.

Recentemente estava lendo uma leva de livros cuja maioria era de conteúdo filosófico ou histórico. Entre eles a Bíblia, que depois de muitos anos tomei coragem para ler. Digo "tomar coragem" porque temia ser alvo de críticas do tipo "olha lá, virou um carola e agora vai querer nos catequizar". Logo eu, um crítico contundente da maioria das Igrejas e instituições religiosas.

A primeira surpresa ao ler o texto foi constatar sua atualidade. Os conflitos, tramas e desejos dos personagens são atuais o suficiente para serem confundidos com os que vivemos em nossos dias, ou com aqueles a que assistimos em filmes ou novelas. Difícil aceitar que alguns deles foram escritos há mais de três mil anos. De todos os livros, 66 para os protestantes e 73 para os católicos, um me chamou muito a atenção. Curiosamente não pelas respostas que traz, mas pela lucidez das perguntas: o *Eclesiastes*.

O QUE OS DONOS DO PODER NÃO QUEREM QUE...

O *Eclesiastes* é de uma empatia incrível com o ser humano, talvez como nenhum outro jamais escrito. Nele, vemos algumas das perguntas que mais nos angustiam atualmente, todas diretas e com uma clareza de pensamento arrebatadora. Recomendo a todos que o leiam, algo que em pouco mais de uma hora pode ser feito. Para este livro, porém, uma citação do *Eclesiastes* é a que mais importa, feita no seu terceiro capítulo: "Tudo o que é já foi, e tudo o que será também já foi." Essa é uma verdade reveladora, não há nada de novo sobre a Terra há muito tempo.

Vale para tudo. Para o que sentimos, para as dúvidas que temos, para nossos sonhos e até para a forma como fazemos negócios. Os truques e artimanhas utilizados pelo homem para concentrar riqueza e poder envolvem sempre esconder e maquiar o mundo; afinal, como o mundo sempre foi assim, seria impossível seguir enganando as pessoas usando os mesmos truques.

Mágicos sabem que o segredo de todo truque é desviar a atenção dos espectadores para o que não importa, para que não percebam quando o truque é feito, a hora que realmente importa. Na vida é assim também. Enquanto nossa atenção é atraída a todo instante para o que não importa, distraídos, não percebemos o que é feito conosco.

Chamar sua atenção para o que realmente importa é a intenção deste livro. Prepare-se para conhecer as coisas como elas de fato são por trás das embalagens que as vestem. Na verdade, como sempre foram – como bem lembra o livro bíblico.

I. O VALOR DA INFORMAÇÃO

Estávamos no ano de 2000, e eu havia acabado de ser promovido para o cargo de *trader* no banco Pactual. Minha função era operar os títulos de dívida de empresas e países que negociam em mercado, os famosos *bonds*. Num capítulo adiante, falaremos mais sobre ações, títulos de dívida e outros investimentos, e você perceberá como tudo isso é incrivelmente simples e fácil. No momento o importante é saber que são "algo" negociado pelos bancos como bananas e maçãs na feira: tem um preço, uma pessoa querendo vender e vários possíveis compradores.

Já tinha lido muito sobre os *bonds*. Havia, durante a faculdade, estudado exaustivamente as fórmulas utilizadas para calcular seus preços e taxas. Como bom aluno de matemática, acreditava que não teria dificuldade em sair do universo dos livros acadêmicos e ingressar no mundo real. Doce ilusão... Os *bonds* do mundo real eram muito mais complicados do que os dos meus livros da faculdade. Tinham características distintas, cláusulas exóticas e sistemas de negociação diferentes. Mas isso tudo não fazia muita diferença, afinal, todos os *traders* utilizavam o mesmo software – feito por uma das maiores empresas de informação do mundo – para calcular as taxas dos títulos. Bastava colocar o preço num determinado campo da tela e bum: lá estava a taxa calculada pelo sistema, para que os títulos fossem negociados.

Eu, porém, era curioso. Queria, antes de me apoiar nas contas do software, fazê-las eu mesmo, para entender como se chegava àqueles resultados e, consequentemente, quais forças de mercado seriam capazes de alterá-los. Escolhi, para testar minhas contas, o título mais complexo de todos. Um *bond* emitido pelo BNDES, negociado em iene (moeda japonesa), liquidado em dólares e com taxas flutuantes de retorno ao longo de sua vida útil. Após quase uma hora preparando uma planilha, cheguei ao meu resultado, que, para minha surpresa, era muito diferente daquele que o software exibia. Uma decepção, meus conhecimentos não eram afinal tão bons assim. Resolvi então ligar para a empresa que produzia o software e pedir que me ensinassem como aquela conta era feita.

Minha ligação caiu inicialmente na área de vendas. A menina, muito educada, ouviu meu questionamento e deu uma resposta que nada tinha a ver com o que eu tinha perguntado. Novamente expliquei qual era minha dúvida: como chegar naquele resultado que o software exibia. Ela novamente respondeu com o mesmo discurso. Foi quando percebi que era na verdade um discurso pronto, decorado, como aqueles dos guias mirins de Porto Seguro, na Bahia, que, se interrompidos na metade, começam desde o começo novamente para não perderem o fio da meada. Pedi então para falar com um especialista no assunto, vi que aquela atendente não resolveria meu problema.

O VALOR DA INFORMAÇÃO

Fui direcionado para o especialista de renda fixa da empresa de softwares. Não adiantou muito. O que ele tinha para me oferecer era somente outro discurso decorado e pouco útil para minha dúvida. Mas ali já percebi algo de enorme valor: nenhuma daquelas pessoas com quem eu havia falado sabia como funcionava aquilo que vendiam! Isso era perturbador.

Fui pulando de atendente em atendente, de área em área, até algo absolutamente incrível acontecer. Minha ligação foi transferida para uma pessoa no México que havia programado aquela tela de cálculo! É isso mesmo! Aquelas telas não eram algo que havia sido criado por Deus, ou evoluído dos anfíbios através da seleção natural. Eram um produto feito por uma pessoa, assim como eu ou você. Foi uma revelação!

Com meu portunhol sofrível, expliquei a ele minha dúvida. Ele ouviu atentamente e ensinou como calculava a taxa dos papéis no algoritmo que rodava por trás da tela que eu visualizava. Mas nossas contas não batiam. Pedi então para que fizesse um favor. Combinamos que eu enviaria minha planilha e ele me ligaria dizendo onde eu havia errado em minhas contas. E assim o fiz.

Algumas horas depois meu telefone tocou com o identificador de chamadas mostrando uma ligação do México. Assim que atendi, uma voz do outro lado da linha falou com certo constrangimento: "Senhor Eduardo? Sua planilha não possui erro algum. Sinto informar que nós é que cometemos um erro em nossos cálculos. Nosso sistema está errado."

Não era possível! Eu, um recém-chegado *trader* na mesa de operações do banco, havia descoberto um erro no software utilizado para fazer o cálculo dos preços e taxas que eram empregados nos mercados do mundo inteiro. Isso queria dizer que o mundo inteiro estava negociando aquele título baseando-se em premissas erradas. O mexicano, ainda constrangido, prosseguiu: "Não se preocupe, senhor, corrigiremos esse erro imediatamente e subiremos a nova versão assim que pudermos."

Eu desliguei o telefone e comecei a comprar o título. Afinal, eu era o único no mundo que sabia que sua taxa de retorno era muito acima da que todos imaginavam. No dia seguinte, o sistema foi corrigido. O preço do título rapidamente se moveu para onde sempre deveria ter estado, e eu ganhei mais de 2 milhões de dólares para o banco com aquela minha aposta! Foi minha primeira grande operação no mercado financeiro.

A lição que aprendi com o que aconteceu era muito maior do que aqueles milhões que eu tinha lucrado para o banco. Era uma que eu passaria a usar em tudo que viesse a fazer na minha vida.

Aprendi que a informação correta pode ter um valor incrivelmente alto. Não só um valor abstrato, filosófico. Mas um valor real, palpável e, naquele caso, até financeiro. Entendi também que o fato de todos estarem fazendo algo de uma determinada maneira não significa que aquela seja a correta. Pelo menos, não necessariamente.

Descobrir as coisas como elas realmente são é transformador. Mais que isso, é libertador! Mas não é uma tarefa fácil. Certa vez, quando perguntado sobre como era atravessar a distância entre dois prédios em cima de uma corda bamba, o maior equilibrista do mundo respondeu: "O que faço é incrivelmente simples, basta colocar um pé exatamente à frente do outro e pisar bem no meio da corda. Mas é muito difícil." O mundo

O VALOR DA INFORMAÇÃO

real é muito mais simples do que as pessoas imaginam. Mas é difícil acessá-lo. A casca que o envolve é propositalmente dura.

A pergunta que surge, portanto, é: "De onde deveríamos começar para descobrir este tal 'mundo real', se é que ele realmente existe?". E a resposta, na maioria das vezes, irá repousar numa famosa frase cunhada na década de 1970 pelos jornalistas que cobriram o escândalo Watergate nos Estados Unidos: "*Follow the money*", ou, "Siga o dinheiro".

2. O MARAVILHOSO E LUCRATIVO MUNDO DAS FINANÇAS

"Follow the money" é exatamente o que sugiro a todos que ingressam para trabalhar no mercado financeiro e pedem meu auxílio. Em vez de decorarem fórmulas e frases feitas e virarem mais um cego do mundo dos cifrões, basta que sigam o caminho que o dinheiro faz desde o momento em que entra num banco até quando sai (valendo mais ou menos) e tudo ficará incrivelmente simples.

É exatamente esse caminho que convido o leitor a fazer comigo ao longo deste capítulo. Ao final dele, independentemente da profissão que você tenha, garanto que saberá mais sobre finanças que o gerente do banco que te atende. Isso valerá um belo dinheiro a mais em sua conta todos os anos.

Antes, porém, vale contar a breve história de como esse mundo surgiu na minha vida. Eu estudei engenharia civil na Pontifícia Universidade Católica do Rio de Janeiro (PUC-Rio).

O QUE OS DONOS DO PODER NÃO QUEREM QUE...

Sou filho e neto de engenheiros, criado para seguir o legado deixado pela família. Era um bom aluno de engenharia, um dos melhores da engenharia civil. Estudar algo que era palpável e parte de meu universo desde criança (cresci visitando obras com meu pai) facilitava demais o aprendizado. Tudo ia muito bem na faculdade até o dia em que meus dois melhores amigos trouxeram-me uma notícia bombástica.

Éramos conhecidos na PUC como os três Eduardos: Dudinha, Dadinho e Parada – este último, o meu apelido –, e estávamos sempre juntos. Nas festas, na praia, viajando e até, de vez em quando, estudando. Alguns meses antes, Dadinho e Dudinha disseram-me que haviam se inscrito para um programa de intercâmbio da PUC com a Universidade da Califórnia. Um programa disponível apenas para os melhores alunos da faculdade, que permitiria aos oito escolhidos estudar gratuitamente em uma das universidades da Califórnia durante um ano. Não dei muita bola, afinal, era um processo tão competitivo que dificilmente seriam eles os aceitos. Eis que, contrariando minhas expectativas, ambos foram aceitos. Eu ficaria sozinho durante um ano aqui no Brasil enquanto eles viveriam uma experiência fantástica na vida e enriqueceriam incrivelmente seu currículo. Eu tinha de fazer alguma coisa.

Procurei imediatamente a organizadora do programa. Uma professora com fama de ser uma das menos simpáticas da faculdade. Minha missão era pedir que permitisse minha inscrição completamente fora do prazo para o programa, para eu tentar cavar uma vaga de última hora e ir com meus amigos. Ela aceitou meu pedido de reunião, ouviu-me atentamente, mas não foi nada receptiva à ideia. Mesmo que me autorizasse a participar

O MARAVILHOSO E LUCRATIVO MUNDO DAS FINANÇAS

da disputa por uma das vagas restantes – argumentou –, dificilmente eu seria capaz de cumprir todos os requisitos e alcançar as notas necessárias para ser aceito. Mostrei a ela meu currículo acadêmico e garanti que as alcançaria. Ela finalmente cedeu. Foram duas semanas absolutamente insanas. Tive de me preparar em cinco dias para uma prova de inglês para a qual as pessoas normalmente passam alguns meses estudando. Tirei quase a nota máxima. Precisei providenciar uma série de documentos que tinham prazo acima de um mês para ficarem prontos. Tanto insisti que consegui obtê-los em menos de dez dias. Precisei também preencher dezenas de formulários de matrícula, pedir cartas de recomendação e cumprir exigências burocráticas da Universidade da Califórnia para não perder o prazo de lá.

Consegui! Tudo heroicamente feito! E, para surpresa de todos, fui aceito para participar do programa como o oitavo escolhido! Iria estudar engenharia civil durante um ano na Universidade da Califórnia em San Diego (UCSD) com meu amigo Dudinha! Dadinho estaria um pouco ao norte, em Santa Bárbara. Ainda estaríamos todos próximos e felizes!

Minha demora para entrar no programa não aconteceria, porém, sem deixar sequelas. Cheguei à UCSD algumas semanas depois de meus amigos e em cima da data final para me matricular nas disciplinas. Quando fui ao escritório de admissão de novos alunos, uma surpresa: os documentos comprobatórios das matérias que eu já havia cursado na PUC, necessários para me matricular nas disciplinas mais avançadas do curso de engenharia da UCSD, não haviam chegado. Eram outros tempos, e esses documentos eram enviados pelo

O QUE OS DONOS DO PODER NÃO QUEREM QUE...

correio. Descobrimos que a minha documentação havia sido extraviada e não haveria tempo de enviar outra. Restava-me pegar novamente as mesmas matérias que já havia cursado no Brasil, ou então matérias de outros cursos, que eu poderia usar como eletivas para completar meu currículo da PUC. Escolhi a segunda opção e também seis matérias de economia para o primeiro trimestre de aulas.

Ali começou um caso de amor entre mim e a economia. Paixão à primeira vista! Acho que o maior segredo da facilidade que tive aprendendo economia foi estudá-la como se estivesse estudando engenharia. Minha mente havia sido educada para imaginar coisas reais, palpáveis, tangíveis. Por isso, forcei-me a entender tudo o que me foi ensinado em economia também dessa forma.

Era encantador entender como países financiavam seu crescimento, empresas planejavam suas atividades e investidores escolhiam suas apostas! Eu literalmente passei a viver aquele mundo. Lembro-me de ter assinado o *Wall Street Journal* e simular que havia virado um investidor, tentando aplicar os conceitos que aprendia nas aulas, comprando e vendendo ações "virtualmente", anotando os resultados que obtinha numa folha de papel.

A brincadeira era tão real, que às vezes perdia o sono por uma notícia que viria a derrubar os preços de alguma posição que eu tinha em minha carteira imaginária de investimentos. Meu envolvimento rapidamente se refletiu nas notas, e naquele primeiro trimestre tirei 10 em todas as matérias que cursei, recebendo um diploma de honra ao mérito do diretor do colégio do qual eu fazia parte na UCSD (existem vários "colégios" dentro de uma universidade norte-americana).

O MARAVILHOSO E LUCRATIVO MUNDO DAS FINANÇAS

No segundo semestre, a paixão não só persistiu como aumentou. Escolhi novas matérias de economia e me arrisquei a pegar algumas mais avançadas. A essa altura do campeonato, minha documentação da PUC já havia chegado pelo correio, mas agora quem não queria mais pegar as matérias de engenharia era eu. Queria sugar o máximo daquele conhecimento de economia que abria meus olhos para um mundo que eu absolutamente desconhecia. Novamente 10 em todas as matérias, ou, no sistema americano, um GPA 4.0. Outro diploma de honra ao mérito pelas notas.

Era chegado o último trimestre de meu intercâmbio e resolvi ousar. Peguei algumas disciplinas que só são cursadas no último período pelos estudantes do curso de economia. São matérias que usam conhecimentos de econometria, micro e macroeconomia, álgebra linear e cálculo numérico, para citar algumas. Uma delas chamava-se Decision Making Under Uncertainty, certamente uma das mais difíceis. Ensinava como tomar decisões quando o grau de certeza é pequeno e o tempo para decidir é menor ainda.

As provas dessa matéria eram dificílimas. Com dezenas de questões – nenhuma delas de múltipla escolha e apenas 50 minutos para resolver –, elas eram um desafio hercúleo. Ao longo do trimestre iríamos fazer cinco provas. Nas quatro primeiras, consegui um fato incrível: tirei 10 em todas elas, acertando as mais de cem questões sem cometer um erro sequer.

Na manhã seguinte à quarta prova, o professor veio diante da turma e anunciou que um aluno da nossa turma havia gabaritado as quatro primeiras provas, igualando um feito atingido apenas por um aluno ao longo dos últimos quinze anos da universidade. Na última prova, esse ex-aluno tinha errado

O QUE OS DONOS DO PODER NÃO QUEREM QUE...

uma resposta. Eu era o aluno a ter igualado o recorde! Logo, se eu acertasse todas as respostas da quinta e última prova, me tornaria o único aluno em quinze anos a ter um recorde perfeito. O desafio foi posto à mesa e, após realizar a última prova, veio a notícia. Nota 10 e um novo recorde!

Recebi uma carta timbrada da Universidade da Califórnia na qual dizia que eu havia sido o melhor aluno nos últimos quinze anos. Recebi um *minor degree* em economia com média 10 em todas as matérias que cursei. E voltei para a PUC para terminar minha faculdade de engenharia civil.

Posso associar meu sucesso no curso de economia da UCSD a um simples motivo: desde o primeiro dia, busquei entender todas aquelas matérias como fazemos em engenharia. É esse aprendizado, prático, real e incrivelmente simples que você terá ao longo das próximas páginas. Prepare-se para, de agora em diante, ser também um expert em qualquer assunto de economia.

DINHEIRO

A matéria-prima da economia é o dinheiro e, por isso, faz sentido começarmos esta discussão falando sobre ele. O dinheiro é simplesmente um meio de troca. Seu valor vem somente dessa sua característica. Em si, tem pouquíssima utilidade. Peguem uma nota de R$ 100, por exemplo. Não serve para quase nada. É um pedaço de papel pequeno, sujo e que já vem com algo escrito. Difícil imaginar alguma função diferente do que trocá-lo por produtos ou serviços. E foi exatamente com esse intuito que ele foi inventado.

O MARAVILHOSO E LUCRATIVO MUNDO DAS FINANÇAS

Nossos ancestrais mais antigos, em algum momento, aprenderam que poderiam fazer trocas. Não precisavam ser produtores, artesãos, especialistas em tudo. Podiam focar naquilo em que tinham alguma vantagem e trocar seu excedente pelo excedente produzido pelo vizinho se lhes fosse útil. Se em seu terreno havia uma árvore de maçãs, e no do vizinho, pés de milho, bastava trocar algumas maçãs por espigas e assim ter uma alimentação mais completa e agradável.

O problema começou a surgir quando as pessoas não tinham algo com valor de troca para o vizinho. Existiam vizinhos que, por exemplo, não gostavam de maçã. Como fazer então para conseguir a espiga de milho? A solução era buscar outro vizinho que tivesse laranjas para trocar pelas maçãs e, então, trocar as maçãs por espigas. Imaginem como o processo podia ficar complicado à medida que gosto e disponibilidade ficassem cada vez mais diferentes.

Assim, pessoas passaram a buscar as coisas que fossem úteis a quase todas – para que sempre tivessem algum valor de troca. E uma das primeiras "coisas" que assumiu esse papel foi o gado. Quase todas as pessoas davam alguma utilidade para o gado – afinal, servia de alimento, transporte e força de tração. Ele foi historicamente uma das primeiras "moedas" de troca. Daí a palavra "capital", do latim *capita*, ou cabeça (de gado).

O gado era perfeito como moeda de troca por sua ampla utilidade, mas era também pouco prático. Era preciso algo de menor tamanho, que pudesse atender a menores frações de troca e que, assim como o gado, fosse útil para quase todos. O sal foi um elemento que conseguiu cumprir esse papel. Era escasso, ajudava a conservar os alimentos e podia ser dividido em quase

O QUE OS DONOS DO PODER NÃO QUEREM QUE...

qualquer fração de forma muito prática. Daí a palavra "salário". E desse modo fomos evoluindo até chegar às moedas feitas de metais variados, às notas de papel, aos cartões de plástico e aos bitcoins virtuais que existem hoje.

Você pode estar se perguntando: "Mas você falou que o gado virou moeda porque tinha utilidade e disse que uma cédula de papel não tem utilidade alguma. Como ela pode valer como instrumento de troca?" A pergunta é fantástica, e se você pensou nela é porque seu *mindset* está no caminho correto!

Num dado momento da História, os metais preciosos assumiram o papel de moedas de troca. As moedas, aliás, eram simplesmente pedaços desses metais com inscrições cunhadas. Naquele momento, a lógica ainda era a mesma do gado. Os metais preciosos tinham utilidade para todos. Eram utilizados como ornamentos, símbolos de status e serviam para a construção de objetos religiosos. Sabemos que o ser humano não precisa só daquilo que come, precisa de várias outras coisas, aparentemente inúteis, para viver em sociedade. É um bicho estranho...

Só que os metais começaram a ficar escassos e a necessidade de moedas ficou cada vez maior. Os governos, então, passaram a emitir notas de papel, que valiam "o direito" de serem trocadas por certa quantidade de metal precioso. As notas, então – lastreadas por esse direito –, passaram a ser utilizadas como meio de troca. Até que, num determinado momento, nem mesmo esse lastro passou a existir. A verdade é que, em certa medida, o dinheiro que usamos hoje é um exercício fictício de crer que *aquele papel*, impresso por aquele agente, vale o que diz que vale. E esse valor só existe porque todos aceitam tal verdade dessa forma. Meio louco, mas é exatamente isso.

O MARAVILHOSO E LUCRATIVO MUNDO DAS FINANÇAS

Voltando à nossa aula sobre economia, do mesmo jeito que as pessoas trocavam moedas por produtos, elas sempre trocaram também por trabalho. Assim, todas as vezes que precisavam de mão de obra para produzir algo, ofereciam uma quantidade de moedas por uma quantidade de trabalho. Quanto mais (ou melhor) trabalho fosse, mais moedas eram necessárias para comprá-lo.

A essa troca – a saber: de trabalho por moedas – damos o nome de "salário". E a capacidade pessoal de oferecer horas de trabalho em troca de dinheiro, somada à demanda que cada produto ou serviço tem por parte das pessoas, balizam as razões de troca dos produtos e, portanto, o valor do dinheiro. Esta é, aliás, a base de uma das mais famosas obras sobre economia escritas até hoje, *O capital*, de Karl Marx.

Não existe sociedade moderna alguma que funcione sem dinheiro. Dinheiro não é sinônimo de capitalismo, dinheiro é sinônimo de um meio de troca portátil, que é aceito – legalmente e por convenção – por todos.

Toda sociedade, umas mais, outras menos, possui pessoas que têm dinheiro em excesso e outras que precisam muito dele para executar seus projetos ou cumprir suas obrigações. E é por isso que existem lojas que vendem e compram dinheiro. O nome dessas lojas: bancos!

Bancos são lojas que intermedeiam o dinheiro entre os que o têm sobrando e os que o têm faltando, exatamente como uma loja de carros usados. Em vez de você ficar procurando um carro para comprar, ligando para cada uma das pessoas que você conhece, você vai a uma loja onde esse fluxo de procura e oferta de carros se concentra. Então, de uma forma simplista:

27

bancos existem para concentrar, facilitar e intermediar os fluxos de procura e oferta de dinheiro.

Mas, se o dinheiro é o meio de troca que utilizamos para comprar e vender coisas, como será que compramos e vendemos o próprio dinheiro? Com os juros! Logo, se eu quero comprar R$ 1.000 para usar durante um ano, eu tenho que pagar R$ 100 para a loja de dinheiro (o banco). Esses R$ 100 são os juros de 10% que eu devo pagar para ter esse dinheiro comigo pelo período de um ano!

O leitor mais sofisticado, acostumado com o mercado financeiro e com investimentos, talvez esteja prestes a pular para o próximo capítulo, acreditando ler informações muito básicas sobre o tema. Não o faça! Em poucos parágrafos estaremos discutindo os assuntos mais complicados do mercado financeiro e tudo parecerá tão simples como você nunca imaginou possível.

OS TRUQUES DO "COLARINHO BRANCO"

Vamos focar agora nas pessoas que precisam de dinheiro. Rapidamente voltaremos aos bancos, não se preocupe! Vamos pensar, por exemplo, em alguém que queira abrir um novo negócio. Imaginemos que essa pessoa tenha apenas metade do dinheiro de que precisará para empreender seu sonho. Só existem duas maneiras de ela conseguir a outra metade: ou pegará emprestado, ou chamará alguém para ser seu sócio. No primeiro caso, precisará emitir um comprovante (um título) para que o credor (aquele que lhe emprestou o dinheiro) possa cobrar a devolução da quantia numa data futura. No caso de chamar um sócio, precisará também

O MARAVILHOSO E LUCRATIVO MUNDO DAS FINANÇAS

emitir um certificado para essa pessoa poder provar que é agora também dona do negócio – e, portanto, tem direito a uma parcela de seus resultados. O comprovante que a pessoa emite para o credor que lhe emprestou dinheiro é um *título de dívida* ou *título de renda fixa*. E o comprovante emitido para o sócio é uma *ação*. Agora a notícia bombástica: todo o mercado financeiro resume-se a somente esses dois títulos, os *de dívida* e *as ações*!

Bancos (não falei que voltaríamos a eles?) e corretoras de valores têm a função de intermediar o dinheiro que é utilizado por pessoas e empresas, e fazem isso através da emissão de dívidas (títulos de renda fixa) e da troca ou emissão de participações em sociedades (as ações). Tudo o que você faz num banco resume-se a isso. Do dinheiro parado em conta-corrente até os fundos de investimentos, CDBs, negociações no Tesouro Direto e mais aquela centena de produtos aparentemente complicados – todos são ou uma dívida, ou uma participação societária!

Sabendo só isso, a maioria das pessoas economizaria uma quantidade enorme de dinheiro todos os anos. Pois saberia *as perguntas corretas* a fazer a seus atendentes nos bancos e não embarcaria em canoas furadas tão frequentemente vendidas como bons produtos.

Mas bancos não querem jamais que você entenda que é assim que funciona. Afinal, é o desconhecimento das pessoas em relação ao mundo das finanças e investimentos que permite que os bancos escondam tarifas, taxas e outras tantas fontes de receitas de seus clientes. Aliás, existe uma enorme máquina funcionando, patrocinada pelos grandes bancos, cujo intuito é desinformar as pessoas e fazer com que tomem decisões cada vez menos inteligentes e mais lucrativas para os bancos.

O QUE OS DONOS DO PODER NÃO QUEREM QUE...

A receita é simples, mas sofisticada, parafraseando Leonardo da Vinci. E começa já pela vestimenta de quem te atende no banco. Gerentes, corretores, analistas e consultores vestem-se com ternos e gravatas para se colocarem em um patamar de superioridade em relação a seus clientes. Para fazer com que você tenha medo e vergonha de fazer uma pergunta, de demonstrar sua insegurança ou seu desconhecimento em relação aos assuntos financeiros. O terno cumpre a função de afastar, distanciar, ameaçar e amedrontar. O engraçado é notar que as pessoas que vestem ternos acabam acreditando nessa mentira. Incorporam o personagem e falam com seus clientes num tom que sempre flerta com a prepotência. Por isso, devemos saber as perguntas corretas que temos de fazer a eles. Quando as fazemos, o castelo de cartas desmorona em segundos, e o que sobra é um indivíduo muito menos especial e sabido do que você imaginava.

Exatamente assim. Afinal, o discurso de quem lhe atende é elaborado propositalmente para que você não entenda nada. São letras, siglas, jargões e tantos outros artifícios, que fazem que o cliente se sinta tão desinformado, tão pouco inteligente e diminuto que a ele só resta uma alternativa: aceitar o que está sendo proposto sem questionar. O mais curioso é que o discurso é tão confuso que nem o gerente ou consultor que o utiliza costuma entender o que está falando. Quer fazer um teste? Interrompa-o no meio do discurso com uma pergunta. Provavelmente ele começará desde o começo novamente, como fazem os guias turísticos que decoram seus discursos. Ou terão respostas ainda mais complicadas para levá-lo a um grau de confusão que te fará desistir de entender o assunto, sucumbindo, enfim, ao que está sendo recomendado.

O MARAVILHOSO E LUCRATIVO MUNDO DAS FINANÇAS

O golpe final dos bancos é a avalanche de propaganda que fazem nas TVs, rádios, outdoors e até nas bicicletas rodando nas ruas com suas marcas – para dar a sensação de solidez. Bilhões de reais são gastos todos os anos (bancos estão entre as três "indústrias" que mais anunciam no país) para consolidar essa ideia. Trata-se de uma sensação em boa parte ilusória, pois, na maioria dos investimentos que fazemos, pouca diferença faz estarmos neste ou naquele banco em termos de riscos assumidos. Não, você não entendeu errado, é exatamente dessa forma.

A melhor maneira de rasgar essa embalagem que veste o mundo financeiro talvez seja abordar alguns mitos e apresentar verdades reveladoras. Fatos que mudarão para sempre a forma como você lida com suas finanças e consequentemente com seus bancos. No bom e velho estilo "Você sabia?", as frases a seguir representarão para a maioria dos leitores uma mudança de paradigma na forma como lidam com seus investimentos.

VOCÊ SABIA?

VERDADE 1 – Na quase totalidade dos casos, a pessoa que lhe atende no banco ou na corretora tem sua remuneração vinculada ao lucro que gerou ao lhe vender o produto. Isso mesmo: os dois sistemas mais comuns de remuneração vigentes nos bancos e corretoras são o de metas e o de comissões. Quanto mais rentável para o banco for o produto, mais o gerente ganha no final do mês por vendê-lo. Isso faz com que os gerentes vendam sempre os produtos que os fazem bater a meta estipulada pelo banco, ou aqueles que geram um maior lucro para o banco (e não para você!) e que, portanto, rendem maiores comissões. Uma antiga propaganda de uma corretora norte-americana que corajosamente aboliu a comissão de seus vendedores para acabar com esse conflito de interesses dizia: "Quando seu consultor disser que quer te mostrar o investimento mais lucrativo que tem, pergunte a ele 'lucrativo para quem?'". *Quase nunca o investimento que o banco lhe mostra é o que há de melhor para você.*

VERDADE 2 – Títulos de capitalização são simplesmente sorteios, como as loterias, só que com prêmios ridiculamente menores. Títulos de capitalização deveriam ser proibidos por lei de serem vendidos. Pelo menos de serem vendidos como o são, apresentados como uma forma de investimento. "Compre este título de capitalização, receba seu dinheiro corrigido pela inflação e ainda concorra a dez carros novos (ou a uma casa, a um prêmio da loteria federal etc.)!" Quanta maldade fazer isso com as pessoas. Aprenda como funcionam esses títulos nas linhas a seguir e nunca mais você os comprará (ou deixará um amigo comprá-los). A mecânica é simples e funciona assim: a taxa de juros da maioria dos países é maior do que a inflação, e a diferença entre as duas taxas é o que chamamos de juro real, ou seja, quanto você ganha de verdade em poder de compra, caso invista nos títulos de renda fixa do governo. Por exemplo, imagine que a taxa básica de juros da economia brasileira seja de 12% e a inflação seja de 7% – a taxa de juro real é de 5%. Quando você investe em um título de capitalização de um banco, ele lhe paga os 7% desse nosso exemplo, referentes à inflação. E, com os 5% que sobram, compra alguns poucos carros ou bilhetes

O MARAVILHOSO E LUCRATIVO MUNDO DAS FINANÇAS

de loteria para sortear entre os desinformados compradores dos títulos. E todo o resto do dinheiro embolsa como lucro. *Títulos de capitalização não são investimentos, são sorteios da pior qualidade!* Se, em vez de comprar títulos de capitalização, você investir o dinheiro em títulos do governo e fizer suas apostas toda semana diretamente na loteria federal, por exemplo, seu dinheiro renderá muito mais, e, caso você ganhe o sorteio, o prêmio será muito melhor do que as migalhas que o banco vai lhe dar. Não gaste sua sorte por tão pouco.

VERDADE 3 – Quando você coloca seu dinheiro em um banco, imagina que o risco de perdê-lo é igual ao risco de o banco quebrar, mas, na maioria das vezes, esse raciocínio é absolutamente equivocado. *Bancos são apenas grandes cofres.* Se o dinheiro está parado na sua conta-corrente sem estar aplicado em lugar algum, esse raciocínio é verdadeiro; ou seja, se o banco quebrar, você perde seu dinheiro e, portanto, deveria sempre buscar o banco de maior solidez (que não necessariamente é aquele que faz mais propaganda). No entanto, na maior parte do tempo, seu dinheiro não está parado na conta-corrente, mas aplicado em algum investimento. E, em boa parte desses casos, pouca diferença faz o banco em que você está: importa mesmo o investimento em si!

Vamos a um exemplo prático, os fundos de investimento. Poucas pessoas sabem, mas fundos de investimento são pessoas jurídicas, com CNPJ próprio, diferente dos bancos que os vendem. O que isso quer dizer? Que, quando você investe em um fundo, seu dinheiro deixa aquele banco e vai para outro lugar!

O QUE OS DONOS DO PODER NÃO QUEREM QUE...

E, a partir desse momento, seu risco passa a ser equivalente aos investimentos que estão sendo feitos dentro do fundo.

Supondo que você esteja no banco mais sólido do país e, segundo a sugestão de seu gerente, investiu no fundo que tem títulos de empresas ruins à beira da falência, você pode perder todo o seu dinheiro e o banco não terá responsabilidade alguma de ressarci-lo. Aconteceu isso há pouco tempo no Brasil com muitos fundos de ações distribuídos por grandes bancos, que tinham participações em empresas que tiveram seu valor dizimado a quase zero. Os fundos sofreram e seus investidores perceberam que pouco adiantou terem escolhido com tanto cuidado o banco em que depositaram seu dinheiro. Da mesma forma, se você está em um banco ou empresa financeira menor, mas investe em um fundo com bons ativos, essa empresa pode ter problemas, mas você estará protegido porque seu dinheiro não está mais lá, está no fundo.

Pensem o que isso significa. Se bancos têm fundos de investimento que rendem menos do que as empresas menores, e o risco dos dois é o mesmo (ou bem semelhante), qual seria a reação imediata e sensata de todos? Tirar todos seus investimentos dos bancos grandes e transferi-los para os que são focados em investimentos. O que seria um desastre para os grandes bancos. A solução? Vender a falsa impressão de que é tudo uma coisa só, e que você só está "seguro" de verdade ali. E tome de bicicleta nas ruas. É por isso que em países desenvolvidos, onde a população tem uma melhor educação financeira, 95% das pessoas chegam a ter seus investimentos fora dos grandes bancos. No Brasil, só 5% conseguiu escapar de suas armadilhas.

O MARAVILHOSO E LUCRATIVO MUNDO DAS FINANÇAS

VERDADE 4 – *Só existem dois tipos de investimentos!* Na verdade, todas as opções que você acha que tem à disposição resumem-se somente a uma destas duas, como já disse: *ações ou dívidas*. Claro, elas recebem dos bancos diversas embalagens diferentes para parecer que você tem dezenas de alternativas e numa delas deve residir o cálice sagrado para deixar você rico da noite para o dia. A rigor, ou você está comprando um título de dívida, ou está comprando uma participação societária em uma empresa, as ações.

Se as pessoas soubessem isso – como insisto em repetir –, saberiam as perguntas corretas a fazer a seus consultores e gerentes quando eles lhes oferecessem um investimento. Veja como é simples. Se o título que estão lhe mostrando é um título de renda fixa, você já sabe que está comprando um título de dívida, ou seja, está emprestando dinheiro para alguém. Faça então as perguntas que faria antes de emprestar dinheiro a qualquer pessoa: "Para quantas outras pessoas esta empresa está devendo?"; "Com que dinheiro ela pretende me pagar no futuro?"; "Ela já deixou de pagar alguma dívida?" E todas as outras que vierem à sua cabeça e fizerem sentido.

Se, por outro lado, o que estão lhe oferecendo é uma ação (ou outra participação, como em um fundo imobiliário), faça as perguntas que faria antes de entrar de sócio em uma empresa: "Quem são os sócios majoritários?"; "Quem toca a empresa no dia a dia?"; "Existem ações na Justiça contra essa empresa?" etc. Provavelmente a pessoa que lhe atende e sugere os investimentos não estará preparada para responder – até porque (como também já disse) a maioria deles não sabe disso. Como vimos, eles vendem o que os faz baterem metas ou terem maiores comissões. Mas

O QUE OS DONOS DO PODER NÃO QUEREM QUE...

você agora já sabe o que perguntar, e ele vai ter que se virar para achar as respostas que você tem o direito (e o dever) de saber.

VERDADE 5 – *A rentabilidade do seu dinheiro não é a que você pensa que é.* Costumamos analisar a rentabilidade de nosso dinheiro nos bancos ao comparar quanto temos aplicado nos fundos de investimento em relação ao quanto investimos inicialmente. E é assim que os bancos querem que vejamos. Só que a verdade é que deveríamos ver o quanto colocamos de dinheiro inicialmente na conta corrente do banco e o quanto temos hoje *no total*, e não somente nos investimentos.

Parece a mesma coisa, mas não é. Bancos (a maioria deles) cobram inúmeras tarifas de seus clientes e quase todas fora dos fundos. E, curiosamente, as pessoas não descontam esses gastos daquilo que ganharam nos investimentos. Deveriam! Quando o fizerem, vão perceber que provavelmente estariam mais bem servidos guardando dinheiro no colchão do que deixando nos bancos. Parece um exagero, uma loucura falar isso, mas até um determinado valor é a mais pura verdade.

Há pouco tempo fiz essa conta para uma das colunas que escrevo num dos grandes sites de economia e negócios do país, e o valor era acima de R$ 100 mil. Ou seja, para qualquer valor menor do que esse, você estaria mais bem servido deixando o dinheiro parado no cofre de casa do que aplicado no fundo do banco – dado que as tarifas corroeriam mais do que você ganharia de juros reais. Como num truque de mágica, os bancos conseguem fazer seus clientes não prestarem atenção nos mecanismos que criam para ganhar o seu dinheiro.

O MARAVILHOSO E LUCRATIVO MUNDO DAS FINANÇAS

Recentemente o país parou em protestos porque os transportes públicos iriam ter suas tarifas aumentadas em alguns centavos. Não entendo como não param o país para protestar contra o fato de que os cinco maiores bancos do país cobram mais de R$ 100 bilhões anualmente em tarifas! Talvez o maior imposto que a maioria da população pobre do país pague hoje seja esse, para os bancos. Claro, um imposto mascarado, não oficial, mas um tributo real e avassalador.

A caderneta de poupança mereceria uma nota, também, descrevendo por que está sempre, em qualquer condição econômica, como um dos piores investimentos disponíveis (e um dos mais lucrativos para os bancos). Em vez de escrever, porém, deixo uma pergunta ao leitor: se a caderneta de poupança fosse realmente um bom investimento para as pessoas, precisaria de tanta propaganda e haveria tanto interesse em ser vendida pelos bancos? Façam seu dever de casa e descubram.

O mundo das finanças, como vocês podem notar, é muito mais simples do que as pessoas imaginam. A imagem criada, de que ele é complicado, visa a somente afastar as pessoas da compreensão que as defenderia desses abusos. E *tudo* nesse universo é feito nesse sentido.

Acreditar nisso tudo é difícil. Como mencionei, existe uma máquina de propaganda que invade nossa casa, rua e computador lembrando o dia inteiro que nosso dinheiro só está seguro dentro de um banco grande. Meu pensamento pode ser radical, mas acho que as propagandas de que os bancos estão na verdade preocupados com você e seu futuro, mostrando imagens de crianças abraçando os pais e sorrindo, deveriam ser proibidas. Aliás, deveria existir um controle muito maior e mais severo sobre o conteúdo da propaganda dos bancos. A realidade é que dificilmente algum dia existirá. Afinal de contas, o modelo capitalista vigente se apoia em boa parte nos lucros dos bancos e do sistema financeiro como um todo. O que fez com que, ao longo dos últimos cinquenta anos, uma boa parte da fatia do Produto Interno Bruto (PIB), que ficava na mão da produção, fosse transferida para o sistema financeiro. Enfrentar esse sistema significa praticamente enfrentar todo o sistema. *E a única arma que me parece capaz de fazê-lo é a disseminação do conhecimento.*

3. O CAPITALISMO

Falamos no capítulo anterior sobre o sistema financeiro e também sobre como as pessoas são iludidas e enganadas pelas diversas artimanhas e truques inerentes à embalagem que o envolve. Na base desse sistema e apoiado principalmente nele, existe, porém, algo muito maior. Algo que, como um trator descontrolado, não somente tira dinheiro da vida das pessoas, mas tira a vida em si. Estou falando do capitalismo.

O capitalismo é um modelo que depende intrinsecamente da desinformação em massa. Não haveria qualquer outra forma de um sistema tão cruel e injusto como ele permanecer de pé que não fosse essa.

Antes de seguirmos, pare e pense como você está se sentindo após ler essa última frase. Provavelmente incomodado – taxando o autor do livro, no caso eu, de socialista, idealista, provocador ou qualquer termo agressivo.

Possivelmente está preparado para o confronto, buscando desde já, antes de ler o que virá adiante, argumentos para me contestar e defender o sistema meritocrático e justo que você aprendeu a amar desde que nasceu. E eu preciso muito desse seu sentimento, pois ele será fundamental para explicar o que virá nas linhas a seguir.

O capitalismo sobrevive somente em função da propaganda, que faz dele o que não é. Mais propriamente dito: da propaganda de um sistema que oferece a todos (os que se dedicarem bastante) a oportunidade de um dia se tornarem ricos e felizes. E é eficiente como ninguém mais ao vender essa ideia.

É importante lembrar ao leitor que meu objetivo não é defender o socialismo, o comunismo, o anarquismo ou qualquer outro sistema. A intenção é somente a mesma que permeia o resto desta obra: *abrir os olhos das pessoas para como os sistemas funcionam na realidade, contrapondo, assim, a forma como elas acreditam que funcionam*. Se eu conseguir fazer isso, a bola já não estará mais comigo, estará com o leitor. Você que formule seus questionamentos, teorias e ideias da forma como quiser. Mas que o faça *pautado* em um mundo de verdade, e não naquele que lhe venderam como real.

Partindo de uma análise simplista (depois pretendo sofisticá-la um pouco), não me parece razoável imaginar que o sistema que torna os oito indivíduos mais ricos do mundo detentores da metade da riqueza de toda a população mundial (quase 4 bilhões de pessoas) tenha qualquer chance de ser justo. "Mas o mundo não é todo capitalista, e essa comparação mistura alhos com bugalhos ao colocar todos países e sistemas num bolo só", diriam alguns, já partindo para a defesa. É verdade, mas os oito mais ricos e a maior parte dos 4 bilhões mais pobres estão em países capitalistas.

O CAPITALISMO

Imaginar como um sistema assim pode ser estável é, antes de tudo, filosoficamente intrigante. Costumo comparar o capitalismo com aqueles sabonetes que trazem no rótulo a mensagem de que matam 99% das bactérias e germes. Imagine todas as bactérias defendendo o uso desse sabonete! É exatamente assim que funciona o capitalismo. Incrível!

E a comparação com o sabonete é ótima para mostrar a primeira grande artimanha publicitária desse sistema. O capitalismo usa o 1% das bactérias que sobrevivem, como seus garotos-propaganda! Pronto, se elas sobrevivem, é porque o sistema dá chances. Assim, ele tira a responsabilidade da desigualdade e concentração de renda do sistema... e a joga para as pessoas.

Funciona assim: "Seu Zé era ajudante de pedreiro quando pequeno. Morava com os pais num casebre de uma favela na cidade e fazia somente uma refeição por dia. Mas seu Zé nunca deixou de ser otimista. Trabalhava de dia e estudava de noite, porque sonhava um dia ser alguém na vida. Aos 16 anos, abriu seu primeiro negócio. Trabalhava nos fins de semana e sempre investiu o dinheiro que ganhava no seu negócio, acreditando que um dia seria grande. Hoje, ele é dono de uma empresa com 3 mil funcionários e fatura R$ 100 milhões por ano". Pronto: se o seu Zé, um representante do 1% das bactérias sobreviventes, conseguiu é porque o sistema é meritocrático e justo! Quanta ingenuidade acreditar que é assim que funcionam os sistemas, quando a realidade é tão diferente.

Em primeiro lugar, as pessoas esquecem que existem milhares, talvez milhões de pessoas que, assim como seu Zé, também estudaram e trabalharam de maneira correta e incansável, mas simplesmente não chegaram lá. Seu Zé é somente uma excrescência incrivelmente útil ao sistema capitalista. Matematicamente falando, é como se as pessoas estivessem confundindo causa e efeito, imaginando que todos que fazem como seu Zé têm sucesso, quando a verdade é que os pouquíssimos que tiveram sucesso talvez tenham feito o mesmo que seu Zé. Este é um erro comum, que numericamente pode ser descrito e compreendido na matemática pelo Teorema de Bayes.

Em segundo lugar, ninguém compara o que todos os outros que já eram ricos fizeram com o que foi preciso seu Zé fazer para se tornar rico, para ver se realmente existiu qualquer traço de justiça no processo. Afinal, não basta que seu Zé tenha se esforçado muito para se tornar rico e bem-sucedido. Para que o sistema fosse justo, esta deveria ser a realidade da maior parte dos que são ricos. Nada passa mais longe disso do que a realidade no capitalismo. As horas de trabalho, de estudo e de esforço dos mais pobres são infinitamente maiores, na média, do que as daqueles que ocupam o topo do sistema. Por isso a análise dita meritocrática é realizada sempre e somente com os que "chegaram lá" e nunca com os que estão lá.

A dura realidade é que a maioria das pessoas que estão nas camadas de cima da pirâmide social têm conhecimento, habilidade e esforço "médios": são medíocres. Se, num passe de mágica, todos virassem pobres e tivessem de começar a vida do zero, a avassaladora maioria permaneceria pobre até o resto de seus dias, sem conseguir escapar das camadas mais baixas do cruel funil do capitalismo. Não tentem me convencer, portanto, de que esse sistema é meritocrático. A não ser que nascer rico seja um grande mérito.

O CAPITALISMO

O terceiro ponto que vale a pena ressaltar, ainda sobre a história de seu Zé, é descrito com incrível clareza no livro *The Social Animal* [O animal social], de Elliot Aronson, um clássico de psicologia social. É o fato de que um evento real vale mais para formar opinião do que qualquer estatística. E é em cima de pouquíssimos casos reais, como o de seu Zé, que o sistema mascara uma infinidade de casos de fracasso e injustiça que acabam virando apenas estatística.

É um fenômeno poderosíssimo esse da preponderância dos casos reais sobre as estatísticas e também motivo de muitas decisões e opiniões equivocadas que empregamos na vida. Elliot Aronson o exemplifica bem, contando o caso do indivíduo que iria comprar um carro, baseado nas estatísticas, frutos de testes com milhares de carros, publicadas em uma revista especializada. Ao falar com seu vizinho sobre a compra que decidiu fazer, ele lhe diz que já tivera aquele carro, o qual lhe dera vários problemas. O indivíduo, então, deixa de ouvir o que dizem as estatísticas, segue o vizinho (que podia estar simplesmente em um dia ruim por ter brigado com a esposa) e desiste da compra.

No capitalismo ninguém ouve as estatísticas; se ouvisse, não teria base alguma para defender o sistema. Ouvem o vizinho.

Mas o fenômeno de seu Zé não para por aí, e é por isso que personagens como ele são a essência da estabilidade política do capitalismo. Ele faz com que toda a base da pirâmide, os milhões de pobres e miseráveis, defenda seu maior algoz. Vendo de fora, é uma das coisas mais esdrúxulas e difíceis de entender – pessoas exploradas, massacradas, esmagadas por um sistema que, mesmo assim, são capazes de defender. Insisto: isso acontece porque seu Zé faz com que todos os outros acreditem que também será possível para eles chegar lá um dia.

O QUE OS DONOS DO PODER NÃO QUEREM QUE...

Falar para as pessoas que estão na base da pirâmide sobre um sistema com uma distribuição de renda mais justa e equilibrada – algo que talvez signifique menos indivíduos com iates de 100 pés, casas de 2 mil metros quadrados e aviões particulares – soa como se estivessem tirando dessas pessoas a chance de um dia conquistar tudo isso. Como se um dia fossem fazê-lo! As estatísticas são tão desfavoráveis que se pode afirmar que *nunca* conquistarão!

A (falsa) esperança é portanto a base política do capitalismo. Difícil não concordar com Nietzsche que a esperança, olhada sob esse prisma, seja um dos maiores males do homem, por prolongar seu sofrimento. Percebam como a indústria que vende esperança é forte, reparem quantas coisas baseiam-se exclusivamente nela. As religiões, as loterias, os jogos de azar, os investimentos de risco e tantos outros exemplos estão à nossa frente.

A RELAÇÃO ENTRE POBRES E RICOS NO CAPITALISMO

O capitalismo sempre será o sistema no qual pobres trabalham para ver o resultado de seu esforço refletido na melhoria da vida alheia, nesse caso, a dos ricos. Não se trata de uma afirmação genérica, estudantil ou midiática. Trata-se de um fato concreto, mensurável e passível de prova. Somos iludidos pelo famoso conceito criado por Adam Smith em seu livro *A riqueza das nações* de que existe, no capitalismo, uma mão invisível que orienta e distribui os recursos de uma forma ótima.

O CAPITALISMO

Sorte para o sistema que essa mão é invisível, pois, na hora em que as pessoas forem capazes de vê-la, o sistema tenderá à ruína. Vamos analisar exemplos emblemáticos e também didáticos para conhecer a tal mão distribuidora de Adam Smith.

Saúde

Recentemente passei por um grave problema de saúde. Aliás, por uma série deles. Num intervalo de tempo inferior a seis meses tive uma fratura muito grave na tíbia, outra na mão direita e passei por duas operações seríssimas. Na segunda cirurgia, feita para tratar seis tromboses que surgiram após uma complicação da primeira cirurgia, fiquei internado vários dias, com dores terríveis, em um dos melhores hospitais de São Paulo.

Problemas de saúde não são novidade em minha vida. Minha falta de cuidados, somada ao gosto por atividades arriscadas, já me renderam 33 fraturas no corpo. Algo que faz de mim um exímio acompanhador da evolução do sistema médico do nosso país ao longo dos últimos trinta anos.

Talvez as pessoas não parem para pensar, mas, há menos de vinte anos, o custo de uma consulta com os melhores médicos nas grandes cidades brasileiras girava em torno de R$ 100. Hoje, raramente fica abaixo de R$ 500. Uma variação muito acima da inflação, que no mesmo período (utilizando-se como referência o IPCA) foi de pouco mais de 200%.

Nesse mesmo período, grandes hospitais passaram por enormes reformas e outros tantos foram construídos, e hoje parecem verdadeiros hotéis de luxo. Claro, tudo isso está disponível somente para as camadas mais ricas da população. Mas o que esteve por trás dessa mudança de qualidade e preço do serviço médico prestado às camadas mais ricas?

A grande maioria das pessoas que ocupa o topo da pirâmide possui seguro de saúde. E, quanto mais se anda em direção a esse topo, maior é o percentual de segurados. Com o passar do tempo, os planos foram oferecendo a seus associados maiores reembolsos para consultas, melhores opções de hospitais e de médicos conveniados. Fizeram isso porque resultava em contas maiores para cobrar de seus associados, o que automaticamente refletia em receitas maiores para os planos. Médicos e hospitais, percebendo que os reembolsos e coberturas eram maiores, passaram a cobrar mais e a criar serviços mais caros, de maior luxo e valor agregados. Quem no final pagou essa conta?

A maior parte dos seguros-saúde hoje em dia é oferecida pelas empresas a seus funcionários. Vários planos têm, inclusive, evitado vendê-los diretamente para pessoas físicas. A conta, então, de toda essa melhoria dos hospitais e serviços médicos prestados aos ricos foi paga pelas empresas, certo?

Não! Não se esqueça do que falamos alguns capítulos atrás: se quisermos entender os mecanismos reais do mundo onde vivemos devemos "*follow the money*" (seguir o dinheiro)! Porém, não só por um trecho do caminho que ele percorre, mas sim até o final!

As empresas não assumem esse custo, é claro. Elas o incorporam como mais um dos custos de seus produtos, e esse custo se reflete num preço maior para o consumidor. Dessa maneira, o custo do plano de saúde oferecido aos empregados acaba integrando o preço do produto final, como se fosse um imposto

O CAPITALISMO

E quem serão os maiores empregadores do país? Empresas que prestam serviços de infraestrutura, necessidades básicas e os grandes varejistas. Ou seja, aquelas que vendem produtos e serviços, os quais atingem de forma quase equânime toda a população brasileira, e que não são desproporcionalmente consumidos e demandados entre as diversas classes sociais ou regiões. E como é a maior parte da população brasileira? Pobre! Logo, quando se segue o dinheiro do começo ao fim, vemos que são os pobres que pagam a maior parte da conta dos ricos para terem um serviço de saúde diferenciado e de boa qualidade, como aquele que tive quando fiquei internado.

Curiosamente, o rico se recusa a aceitar medidas que transfiram maiores recursos para a saúde pública. Repetem, quase como um mantra, que a solução seria privatizar o sistema de saúde. Não entendem que estão sendo financiados por aqueles para quem estão negando uma condição mínima de atendimento.

Faz parte do ser humano o egoísmo. É uma característica comum a todos os povos, gêneros, classes sociais e raças, em maior ou menor grau. É claro que o sistema capitalista estimula esse sentimento ao recompensar atitudes nesse sentido. Constatar e compreender essa condição egoísta ajuda a entender melhor por que as pessoas agem da forma como agem. As pessoas só são favoráveis a algo quando se sentem beneficiadas diretamente por aquilo.

Ainda no caso do sistema de saúde, vamos entender então por que nunca haverá um esforço contundente dos ricos para melhorar o serviço de saúde dos pobres – e, mais preocupante do que isso, quanto maior o abismo entre a qualidade dos serviços disponíveis para os ricos e para os pobres, maior será essa indiferença.

O QUE OS DONOS DO PODER NÃO QUEREM QUE...

Para melhorar a saúde dos pobres, seria preciso uma redistribuição de recursos. Afinal de contas, quando consideramos todas as outras variáveis como constantes (o que em economia recebe a denominação de *Ceteris Paribus*), este é um jogo de soma zero, ou seja, para se ter a mais de um lado, deve-se ter a menos de outro. Os que dizem que isso não é verdade – pois, ao se gerar riqueza, é possível distribuí-la sem tirar de lugar algum – estão certos, mas esse não é um processo imediato. (E, mais adiante neste livro, falaremos como a riqueza, quando é gerada, não necessariamente beneficia a todos.) Logo, o dinheiro para financiar a saúde dos mais pobres deveria sair dos mais ricos, simples assim.

E isso poderia ser uma solução para os próprios ricos; afinal, se o sistema de saúde público melhorasse, eles mesmos poderiam passar a usá-lo e veriam alguma vantagem em abrir mão de seus recursos. O problema é que a distância entre os dois sistemas é tão grande que, por um bom tempo, a melhoria do serviço de saúde oferecido aos pobres não o levará ao patamar mínimo que deveria ter para sequer começar a ser testado pelos ricos. Ficaria a sensação, para os ricos, de que estariam abrindo mão de recursos sem que isso beneficiasse de maneira alguma (diretamente) sua vida. E isso a natureza egoísta humana é incapaz de fazer.

O mesmo raciocínio, ou pelo menos numa lógica parecida, vale para vários outros tipos de serviço, como a educação. A distância entre a qualidade oferecida pelo setor público e pela iniciativa privada é tão grande que melhorar o público não alterará em nada, por muito tempo, a opção dos ricos de mandar seus filhos para escolas privadas. Não esperem, portanto, iniciativas nesse sentido.

O CAPITALISMO

Sistema bancário

O setor financeiro é outro em que os pobres financiam as benesses dos ricos. E, novamente, no qual dificilmente veremos grandes mudanças no curto prazo. Apesar de uma parcela ainda relevante da população não utilizar o sistema bancário, os famosos "desbancarizados", é justo considerar o acesso a ele necessidade básica. Principalmente em um país que vive flertando com ameaças inflacionárias que, quando se materializam, dilapidam rapidamente os recursos dos que estão fora do sistema.

Uma breve análise de como são as regras dos bancos mostra que ali é ainda mais fácil notar o papel desempenhado pelos que pouco têm e pelos que detêm a maior parte dos recursos. Quase todas as taxas e tarifas são decrescentes à medida que o cliente possui mais recursos (dinheiro) no banco. Deveriam, se esperássemos algum tipo de tratamento equânime, ser proporcionais; ou seja, similares em termos percentuais. Mas não: o percentual cobrado decresce à medida que o dinheiro aplicado aumenta, até chegar ao limite de ser zero a partir de determinado valor.

Percebam que curioso: se você tem R$ 200 mil investidos em um banco, paga zero real em tarifas para poder usar todos os serviços dele, como TEDS, saques em caixas eletrônicos, emissão de talões de cheques e outros. Se tem somente R$ 5 mil investidos e se quiser ter um pacote ilimitado como esse, deverá pagar cerca de R$ 1 mil por ano – ou seja, um quinto de todo o seu dinheiro. Será que agora fica claro quem está financiando a emissão de talões de cheques e TEDS dos ricos? São os mesmos que financiam a educação de seus filhos e as suas internações hospitalares.

O QUE OS DONOS DO PODER NÃO QUEREM QUE...

Por fim, é curioso ver como funciona, na prática, a ideologia pregada pelos participantes do sistema financeiro, aquela que defende a livre competição e a meritocracia como pilares fundamentais de um modelo justo – ideologia, aliás, que é representativa de toda a elite capitalista. Em todas as últimas grandes crises do setor financeiro mundial, os grandes bancos, prestes a quebrar, foram pedir socorro adivinhem a quem? Ao Estado! Aquele mesmo, que é taxado como pesado, ineficaz, desnecessário e corrupto. Mas que, no final das contas, é quem os salva. E de onde vem o dinheiro? Bem, fica como lição de casa deste capítulo para o leitor. (Se tiverem dificuldade em descobrir, revejam o caso dos planos de saúde.)

O fato é que os integrantes do topo da pirâmide são capitalistas quando se trata dos ganhos, mas socialistas para suas perdas!

Existe uma frase famosa, utilizada por banqueiros ao redor do mundo em referência aos grandes bancos. Dizem que são *"too big to fail"*, ou seja, muito grandes para ir à falência. Sabem – com a certeza de estarem olhando um dado, e não uma variável do sistema – que, se esses bancos passarem por qualquer dificuldade séria que implique o risco de quebrar, o Estado os salvará. E vêm com a velha explicação de que é melhor para todos que assim seja feito, pois a quebra de um grande banco seria ainda mais prejudicial para toda a população do que os custos estatais para ajudá-lo.

Pode ser que o motivo seja legítimo e verdadeiro. Mas isso não tira em nada a força do ponto. Bancos, assim como a elite capitalista, insisto, são capitalistas no sucesso e socialistas na derrota. A crise de 2008 foi incrivelmente didática nesse

O CAPITALISMO

sentido. Bancos fizeram operações de empréstimo imobiliário muito acima do que seus balanços permitiriam dentro de um limite seguro e razoável. Ganharam muito dinheiro das pessoas durante um bom tempo. Como todo dinheiro ganho, deveriam entender que havia também riscos associados.

Num certo momento, o mercado virou, e muitas pessoas passaram a não pagar suas dívidas aos bancos. Quando eles se viram em dificuldade e com prejuízos enormes, a quem foram pedir ajuda? Aos governos! E os empréstimos podres que tinham em seus balanços foram transferidos para os balanços de seus governos – o que aumentou muito o nível de endividamento e consequentemente o custo do Estado para pagar suas dívidas. Além de o governo ter uma dívida que aumentou, as novas emissões de títulos (necessárias para honrar as que iam vencendo) eram feitas a taxas cada vez maiores, dado que sua qualidade de crédito havia se deteriorado com a piora das contas públicas desses países.

Qual foi a solução para estes governos? Implementar políticas fiscais que aumentaram a arrecadação (impostos), cortaram gastos sociais (benefícios para todos) e diminuíram o crescimento. Quem pagou a conta? Todos, mas, como nas sociedades capitalistas, "todos" são na maioria os pobres e a classe média, então foram os dois últimos grupos que pagaram a maior parte. Esse é o socialismo das perdas!

É muito duro, depois, ouvir banqueiros e empresários falarem com tanta pompa sobre privatizações e ineficiência do Estado. Matam, assim que chegam ao hospital, aquele que trouxe de volta seu corpo baleado de dentro das linhas inimigas. Verdadeiros traidores, hipócritas e covardes.

A MÃO "VISÍVEL" E CONCENTRADORA DE RENDA DO CAPITALISMO

A única mão que existe na hora de distribuir recursos e renda no sistema capitalista é a dos donos dos bancos e dos meios de produção. É um sistema baseado no lucro, e o objetivo é sempre maximizá-lo. A melhor definição da filosofia capitalista é a dada pelo personagem Gordon Gekko, interpretado por Michael Douglas no filme *Wall Street – O dinheiro nunca dorme*, de 2010. Quando outro personagem descobre a fortuna de Gekko e lhe pergunta quanto deseja ter como objetivo, sua resposta é: "Mais!"

Tudo funciona assim no capitalismo, em função do "mais!" Só que não necessariamente existe "mais" no sistema para ser capturado, logo o "mais" de uns significa "menos" de outros.

Não só as pessoas funcionam com essa mentalidade numa sociedade capitalista, mas também as empresas. Em verdade, empresas são uma ficção legal, uma criação artificial da lei e existem somente no papel. No fundo, a única coisa de real que existe nelas são as pessoas que as gerem e tomam as decisões. Logo, uma empresa é simplesmente um coletivo de pessoas, e seu impacto social será também fruto da natureza decisória dessas pessoas.

É daí que vem minha maior crítica à obsessão que existe no capitalismo pela privatização das empresas. O que se entende é que empresas públicas são tão ineficientes que, ao torná-las privadas, a oferta de serviços e produtos será muito maior devido ao ganho de eficiência; e a geração de riqueza será benéfica a todos, uma vez que será em parte distribuída.

O CAPITALISMO

O raciocínio é válido, não há como negar. Principalmente quando analisamos empresas como as que a minha geração herdou, no Brasil das décadas de 1980 e 1990. Empresas antigas, pesadas, corruptas, incrivelmente ineficientes e geradoras de enormes prejuízos ao erário (dinheiro e bens do Estado). A mudança de eficiência com privatizações foi tão grande que, realmente, parte das premissas anteriores se concretizou e justificou os movimentos. Mas existem alguns contrapontos à tese de que tudo que é público deve ser privatizado.

Em primeiro lugar, em relação à teoria de que uma maior competição seria benéfica a todos, pois refletiria em melhores serviços e produtos. Sou um apaixonado pelo ambiente competitivo, quase obsessivo. Desde os anos mais tenros de minha vida, manifestei uma personalidade extremamente competitiva, chegando a flertar com a agressividade e o risco excessivo em alguns momentos.

Se, por um lado, foi esse comportamento que me levou a quebrar mais de trinta ossos no corpo, também foi responsável por eu praticar muitos esportes num nível de excelência. Por ser desse jeito é que me formei como um dos melhores alunos por onde passei e acumulei o conhecimento e benefícios que a competição me trouxe.

Mas, para a competição ser benéfica a todos, deve, antes de tudo, haver igualdade de condições. E é impossível falar em igualdade de condições em um país como o nosso. De um lado, crianças que se alimentam mal, estudam em escolas ruins, têm um atendimento médico precário e vivem em casas sem saneamento básico e serviços de infraestrutura adequados. De outro, crianças que têm acesso a tudo do bom e do melhor. E os que tudo têm chegam à conclusão de que a competição é a melhor forma de decidir quem deve ter acesso às coisas. É como se um piloto experiente de automobilismo, dono de uma Ferrari, chegasse à brilhante conclusão de que a decisão de quem deve dar certo na vida e ganhar dinheiro tivesse que ser feita através de corridas de automóveis. E que os donos de fusca devessem concorrer com os seus próprios carros frente a Ferraris. Quanta bondade...

Em segundo lugar está o fato de que o objetivo final das empresas privadas será sempre o de seus controladores – e esse objetivo será um só: o lucro. Não existe um limite do quanto esses donos pretendem ter de dinheiro, é sempre o "mais" de Gordon Gekko. Dessa forma, transformar empresas estatais em empresas privadas só aumenta o poder de pessoas com o único objetivo de acumular riquezas. E isso tem um efeito coletivo também de concentração de riqueza, com a consequente acumulação de fortunas nas mãos de poucos.

O argumento de que a riqueza gerada será tão grande que beneficiará também os empregados, refletindo em salários mais altos e maiores benefícios, é, no mínimo, moralmente discutível. Uma boa metáfora seria a de um rapaz saindo de um supermercado em uma região muito pobre cheio de sacolas com compras. Propõe-se, então, que a solução para a pobreza da região seja dar ainda mais sacolas para aquele rapaz porque aí, inevitavelmente, ele não conseguirá carregá-las e, assim, algumas compras cairão no chão, beneficiando os outros. Conferir aos pobres, como política, *a sobra e o resto* me parece de uma maldade ou insensibilidade tremenda.

Erram os que criticam o capitalismo citando os conflitos de interesse que ele gera. Como os que dizem que a mídia tem

O CAPITALISMO

como conflito informar e ao mesmo tempo dar lucro para seus acionistas. Ou que os médicos têm de cuidar com atenção, mas ao mesmo tempo atender muitos pacientes para ganhar salários maiores. Ou, ainda, que as escolas privadas têm de buscar atividades extracurriculares que sejam importantes para a formação pessoal e cívica dos alunos, mas, ao mesmo tempo, devem buscar aquilo que tenha apelo de venda. Não existe conflito de interesse nenhum. *O interesse é sempre um só: o lucro.*

A afirmação anterior não é radical, acredite. Pode ser muito dolorida, mas não é radical. Analise as decisões de empresas, profissionais liberais e mesmo de pessoas que estão ao seu redor e perceba como é sempre assim. Quando parece não ser, é pela limitação imposta por leis, ou para não manchar a imagem e, consequentemente, não prejudicar futuros lucros.

É tola e ingênua, por exemplo, a ideia de que um canal de televisão privado vá montar sua grade e pautar seu noticiário no que é educativo, construtivo e informativo – sem viés comercial ou interesses. Além de existirem contas a serem pagas no final do mês, esses canais são empresas que têm donos, que por sua vez querem "mais". E infelizmente, pelo menos assim vejo, a quase totalidade das opiniões e juízos de valor de uma sociedade é formada pelas informações fornecidas pela televisão (até mais do que pela escola). Claro que isso é algo que vem mudando com a popularização da internet e das redes sociais, mas tenhamos em mente que mais de 3 bilhões de pessoas no mundo ainda não têm acesso à internet, e a maior parte delas tem uma TV em cores em casa.

É razoável afirmar que os canais que têm maior audiência são aqueles que formam mais opiniões. São também esses canais

O QUE OS DONOS DO PODER NÃO QUEREM QUE...

que foram mais bem-sucedidos em suas estratégias de gerar lucro para seus donos, dado que maior audiência se reflete em maiores preços para cobrarem por espaços publicitários. Logo, na maioria das vezes, a pauta da programação é a mais distante da que educa e a mais próxima da que vende, com conteúdo sensacionalista, pornografia, tragédias populares e matérias "compradas" (senão diretamente por dinheiro, por troca de interesses).

O capitalismo é tão poderoso e resiliente que captura com rapidez de volta para si quem foge de sua lógica. Pense num canal de TV novo que rapidamente comece a despertar um interesse enorme do público por sua programação. Rapidamente atrairá o interesse de vários anunciantes, o que em pouco tempo fará a receita da empresa aumentar, o que tornará o canal apto a investir em sua infraestrutura para crescer, o que, inevitavelmente, aumentará seu custo de funcionamento. E, assim, rapidamente o canal estará refém dos anunciantes para poder se manter funcionando no novo patamar. Assim, a dependência gerada acabará criando um viés na programação, transformando o canal em *mais um* como os outros.

Por essas razões, acho perigoso falar em privatizações sem qualquer critério, como se fosse uma fórmula mágica para trazer justiça social e riqueza a todos. Não acredito em um Estado pesado, lento e desorganizado. Mas acredito em um Estado forte. Principalmente em um país como o nosso. Um Estado que seja capaz de atuar, tornando mais justas as condições de competição. Capaz de atuar através também de suas empresas (e não só de suas leis) para maior distribuição de riqueza e condições de competição para todos.

O CAPITALISMO

Nunca entendi por que não há esforço em tornar as empresas estatais mais eficientes, rentáveis e modernas. Não compro de forma alguma a ideia de isso ser impossível. Se a excessiva condição de estabilidade dos funcionários atrapalha a eficiência dessas empresas, que se discuta isso. Se os salários são mal distribuídos entre os colaboradores e contribuem para um ambiente propício a corrupção e ilicitudes, que se mexa também nisso. Mas que o foco seja antes melhorar as empresas, e não abrir mão delas.

Pense que a empresa nas mãos da iniciativa privada devolve ao governo somente o que paga com seus impostos. Tudo bem, aceito o argumento de que seja mais do que isso; afinal, à medida que essas empresas crescem, estimulam também toda a cadeia produtiva nelas apoiada e, portanto, o ganho é maior do que aquele gerado somente por impostos pagos pelas empresas. Mas, de qualquer forma, estamos trocando 100% do lucro, no caso de uma estatal, por um percentual infimamente menor. Veja que não menciono 20%, 30%, 35%, ou qualquer outra alíquota de imposto. Os impostos pagos pelas empresas privadas costumam ser, na prática, menores do que isso, dadas as artimanhas fiscais e os malabarismos para construir seus balanços. Para o governo sempre sobrará menos.

Não me admira, porém, que em um país capitalista queiram privatizar tudo. Afinal de contas, o Estado já pagou todo o preço de estabelecimento e consolidação dessas empresas. Construiu muitas vezes a melhor e mais poderosa condição que uma empresa privada pode ter – o monopólio. Comprar essas empresas, portanto, é quase sempre um bom negócio. Quem as compra não está nem um pouco se importando com o país, com os menos favorecidos, ou querendo gerar oportunidades para todos; está pensando somente no seu bolso. E se caírem migalhas pelo caminho, transbordando de seu pote de ouro, que sirvam então de argumento para justificar as privatizações junto à opinião pública.

O IDEAL CAPITALISTA E OS EUA

Erra quem a essa altura me julga socialista, comunista ou algo que o valha. Como repito algumas vezes nas páginas deste livro, minha intenção é trazer a realidade à tona, mostrar o fluxo das ações e informações deste mundo hermeticamente embalado onde vivemos. Por que então não agir da mesma forma, descortinando e revelando o mundo real por trás do que é vendido pelo socialismo? Porque é um mundo que compreendo muito menos, pelo simples fato de que não o vivo. Claro, tenho muitas críticas ao que ouço. Mas sei também que o que ouço já vem embalado. Se é verdade que o socialismo parece ter dificuldade em tirar das pessoas o que elas têm de melhor, o capitalismo parece conseguir tirar delas o que elas têm de pior, pelo menos em termos de atitude. A palavra "selvagem" parece definir bem o modelo capitalista, pelas suas similaridades com as sociedades animais que podemos observar em ambientes isolados da presença humana.

Socialismo e capitalismo parecem ter muito mais em comum do que imaginamos. Em ambos os sistemas existe um objetivo que sempre prepondera sobre os demais: *o poder*. É esse o grande objeto de desejo do homem, qualquer que seja o sistema em que viva. Enquanto no sistema capitalista o melhor atalho para conquistá-lo é a acumulação de riquezas, no socialismo é a

O CAPITALISMO

posição política. E, em ambos, o caminho para o poder deixa um rastro de destruição por onde passa.

As principais potências capitalistas, comunistas e socialistas do mundo são exemplos incrivelmente didáticos de como o poder é *fim* e não *meio* de todos esses modelos econômicos, políticos e sociais. São quase todas nações totalitárias. Estados Unidos, China e a antiga União Soviética são ótimos estudos de caso. É tão verdade que boa parte desses países não tem como maior preocupação aprimorar seu sistema, mas sim propagandeá-lo para o mundo, como algo que ele não é. Vejamos o caso mais emblemático de todos, e também o mais bem-sucedido, o dos Estados Unidos.

Ninguém é mais bem-sucedido no mundo atual em vender "algo que não é" do que os Estados Unidos. Pergunte à maior parte da população mundial que vive em países capitalistas (e boa parte também da que vive em países com regimes de esquerda) onde gostaria de morar se pudesse. A resposta será inequívoca: Estados Unidos. Se perguntarem por que, a resposta será a de que lá as oportunidades são mais bem distribuídas, as pessoas ganham mais, as cidades são seguras com casas sem muros, a população tem acesso à educação e à saúde e os negócios são prósperos. É curioso notar que, excluindo-se a última afirmação, acerca dos negócios, a realidade é muito distinta do que as pessoas imaginam. Mérito da incrivelmente eficaz propaganda norte-americana, espalhada em cada esquina longínqua de todo o planeta onde vivemos.

Olhando os números e abstendo-nos da propaganda, o que vemos é outro país. Os Estados Unidos têm o maior PIB do mundo. Ou seja, é o país que mais gera riqueza todos os anos.

59

O QUE OS DONOS DO PODER NÃO QUEREM QUE...

Para se ter uma ideia da dimensão dessa riqueza, é maior do que a de todos os países da comunidade europeia juntos. Excluindo-se a China da lista, é um PIB maior do que o dos sete países que vêm em seguida somados – numa lista que inclui gigantes econômicos como Japão, Alemanha e Inglaterra e que, juntos, têm uma população várias vezes maior que a norte-americana (dado que a lista também contém países como Índia e Brasil). Deveríamos esperar de um sistema minimamente eficiente, com uma geração de riqueza tão desproporcional ao resto do mundo, uma posição de liderança em indicadores que refletissem qualidade de vida. É a imagem que todos têm. Mas não é o que acontece.

São muitos os rankings criados por diferentes instituições que medem indicadores sociais ao redor do mundo e é difícil atestar a fidedignidade de cada um. Mas os resultados, pelo menos em termos de posições ocupadas por um país nesses rankings, não muda muito de um para o outro. Vejamos a posição dos Estados Unidos em algumas categorias que considero fundamentais para uma boa qualidade de vida.

SISTEMA DE SAÚDE – O sistema de saúde norte-americano é considerado o 37º mais eficiente do mundo. Uma combinação entre ser o país que mais gasta com aquele que tem o décimo quinto melhor serviço. Os dados são do relatório de 2012 da Organização Mundial da Saúde (OMS).

SEGURANÇA PÚBLICA – Os Estados Unidos não estão sequer entre os 25 países mais seguros para se morar no mundo, segundo o Global Peace Index, divulgado em 2016. Por outro lado, são o país que mais gasta com guerras e políticas de segurança no mundo.

O CAPITALISMO

EDUCAÇÃO: Apesar de muitos considerarem os Estados Unidos o país que oferece a melhor educação do mundo, o país ocupa somente a 14ª colocação neste ranking, não figurando sequer entre os Top 10 (ranking da Pearson, empresa líder em educação no mundo).

IDH: Famoso ranking que tenta englobar vários índices que medem desenvolvimento humano, expectativa de vida, educação e outros indicadores *per capita*. Novamente, os Estados Unidos não estão entre os dez primeiros, ocupando a 11ª posição (ranking de 2016).

É incrível ver que o país mais rico do mundo não consiga figurar sequer entre os dez primeiros em nenhum desses indicadores. E sequer entre os vinte primeiros em alguns deles. De onde será que vem a percepção que o mundo tem dos Estados Unidos, então? A resposta é incrivelmente simples: da propaganda.

Os Estados Unidos são uma máquina quase perfeita de propaganda. Ninguém é capaz de vencê-los em termos de estratégia, poderio e volume de gastos em campanhas de autopromoção. Tudo no sistema norte-americano é feito no sentido de *parecer*, muito mais do que *ser*.

Veja o exemplo das tão faladas universidades norte-americanas. Dois tipos de profissionais nessas universidades são os que recebem as maiores verbas. Os professores, que têm chances de receber prêmios importantes, como o Nobel, e os técnicos dos times populares, como os de basquete e futebol americano. É por isso que os Estados Unidos têm quase a mesma quantidade de prêmios Nobel que todos os outros países somados e

O QUE OS DONOS DO PODER NÃO QUEREM QUE...

quase todos os melhores times de esportes coletivos do mundo. Curiosamente, porém, o país que tem os maiores gênios do mundo não está entre os top 10 nos rankings de educação. É que a educação é vista como um esporte olímpico pelos norte--americanos: o importante é ganhar as medalhas e aparecer no ranking. É isso que chama nossa atenção, que faz parecer.

Passe um mês convivendo com uma família norte-americana comum e passe outro com uma família europeia. Torna-se claro que, enquanto um sistema valoriza o *mindset* (atitude mental) voltado para o poder, para a vaidade e para a aparência (o norte-americano), o outro valoriza a educação, a cultura e a sofisticação de ideias e costumes (o europeu). Curiosamente, dizemos querer que nossos filhos tenham educação, cultura e conhecimento e os mandamos para estudar nos Estados Unidos, não na Europa. É que a propaganda de um é infinitamente melhor que a do outro para nos convencer a tomar tal decisão.

Mas a propaganda norte-americana não é focada somente em promover seu sistema. É focada em diminuir todos aqueles que, de alguma forma, possam ameaçá-los ideologicamente. Sempre foi assim e para sempre será.

Lembre o raciocínio que desenvolvemos anteriormente sobre o capitalismo, mostrando que educação, saúde e outros serviços de qualidade oferecidos aos ricos são financiados pelos pobres. Isso vale para pessoas, empresas e também para países. A figura de seu Zé existe igualmente na dimensão de países. A ilusão de meritocracia também. Tudo igual.

Vamos pegar mais um exemplo incrível para demonstrar como a propaganda norte-americana distorce o mundo real

O CAPITALISMO

do que realmente existe (lembrando que este livro não é uma apologia ao mundo que realmente existe – cheio de defeitos, imperfeições e também passível de críticas contundentes). Vejamos o exemplo da imagem de Cuba no mundo capitalista.

A esta altura, e após aparecer essa palavra – *Cuba* – quase demoníaca para alguém que vive em um país capitalista, já devo ter perdido mais da metade de meus leitores. Não importa, sigamos adiante assim mesmo, sei quanto é difícil abordar estes temas. Se fosse para escrever sobre temas fáceis que não gerassem questionamento e discussão, este seria um livro de receitas gastronômicas, e não de economia e política.

Quem vive no mundo capitalista odeia Cuba. Se não odeia o país propriamente, odeia seu sistema. Mas qual a razão desse ódio? "Porque são uns ditadores sanguinários", "Porque restringem a liberdade de todos seus habitantes", "Porque é um país que mantém sua população extremamente pobre e miserável" são algumas das justificativas. Fidel Castro e seu irmão sempre despertaram (e despertam ainda) um ódio mortal nas mentes chamadas de liberais. Mas será que os dados reais e estatísticos justificam todo esse ódio, ou existe algo por trás desse sentimento que temos contra Cuba? (E eu me coloco nesse grupo, como um crítico contundente do regime e de seus abusos autoritários.)

Os números relativos a Cuba são difíceis de precisar. Um país fechado como este dá margem a especulações em todos os sentidos sobre maquiagens e manipulações de estatísticas. Mas vamos considerar os dois cenários extremos para que possamos fazer o ponto deste estudo de caso.

O QUE OS DONOS DO PODER NÃO QUEREM QUE...

Estima-se que o regime de Fidel Castro tenha sido responsável por 5 mil a 75 mil mortes ao longo de um período de 55 anos no poder. As estimativas consideradas mais acuradas e confiáveis falam em um número em torno de 15 mil mortos pelo regime do líder (ou ditador mas neste momento denominá-lo de um ou outro nome pouco importa). Inegavelmente é um número enorme de vidas, um fato triste, repugnante, estarrecedor. Mas incomparável, por exemplo, com os da guerra civil do Sudão, que num período de vinte anos matou um número estimado em mais de 2 milhões de pessoas. Vale lembrar que o Sudão é um país que também é governado por um regime autoritário desde o golpe militar que sofreu em 1989. E aí a pergunta: por que será que não costumamos ver um *post* sequer nas redes sociais criticando o regime sudanês e vemos uma infinidade criticando o regime cubano? Por que a ausência de artigos inflamados ou faixas em manifestações pelas ruas criticando o que acontece no país africano?

Alguns responderiam que talvez seja pela diferença de distância entre os dois países; afinal, Cuba está a pouco mais de 6 mil quilômetros (tendo como referência São Paulo, de onde escrevo), e o Sudão, a mais de 9 mil quilômetros. É possível que isso exerça sim alguma influência. Mas a ponto de sermos tão impassíveis com o que acontece com centenas de milhares de mulheres, crianças e trabalhadores inocentes? Ou será que existe algo além?

Vejamos então o caso do Haiti. Aqui a distância é quase a mesma (na verdade, fica um pouco mais perto do que Cuba em relação ao Brasil).

Cuba tem uma taxa de alfabetização de 99,7%, segundo a Unesco. Uma das maiores do mundo, só superada por alguns

O CAPITALISMO

países do leste europeu, e maior que a do Brasil. Um abismo de distância do Haiti, onde esta taxa é de 60%. A taxa de mortalidade infantil de Cuba também figura entre as menores do mundo, cinco para cada mil nascimentos normais, de acordo com a companhia World Factbook. A do Haiti é simplesmente dez vezes maior!

Vejamos o percentual da população com acesso a saneamento básico. Em Cuba, 92,5%, um nível muito acima da média global de 63% (e também muito maior do que a nossa). No Haiti? Somente estarrecedores 24% da população têm acesso a esses serviços. E onde estão os *posts* contrários ao regime do Haiti? Mesmo depois de termos mandado nossas forças de paz para o país e da cobertura da mídia sobre a pobreza de sua população, parece que esquecemos o que lá se passa. Não há matérias de TV, artigos de revista, passeatas – ou o que quer que o valha – com qualquer menção às barbaridades haitianas.

A verdade é que fomos educados para odiar Cuba. Por quem? Pelos Estados Unidos e sua máquina de propaganda. Sei que soa como aqueles textos esquerdistas, cheios de raiva e clichês, mas não é.

Por mais que Cuba nos dê vários motivos para criticarmos seu regime (como, repito, eu mesmo critico!), somos incapazes de criticar outros regimes muito mais cruéis, e não paramos para pensar por que pensamos e agimos assim. Mais ainda: posso afirmar que uma boa parte das dificuldades pelas quais passa a população cubana é intensificada pelas campanhas de ódio contra o regime da ilha – propagadas feitas por pessoas como eu e você. Além de sermos incoerentes na forma como escolhemos e pesamos a mão em nossas críticas, damos nossa parcela

O QUE OS DONOS DO PODER NÃO QUEREM QUE...

de contribuição para isolar e aumentar a pobreza da população da ilha. Isso porque somos bons e justos!

E por que será que os Estados Unidos escolhem Cuba, e não o Haiti ou o Sudão para apontar sua devastadora máquina de propaganda? Porque, no fundo, o que sempre existiu e existe no mundo é uma guerra por poder. Haiti e Sudão não representam qualquer ameaça ao domínio do império norte-americano. Mas Cuba, sim. E não é seu exército nem armas nucleares ou terroristas que assustam o poderio dos Estados Unidos. O que Cuba tem a oferecer de perigo é a defesa de outro paradigma ideológico, que bate de frente com o que sustenta todo o modelo norte-americano, e por isso é contestado com tanto empenho e veemência.

E nós caímos como bobos nessa propaganda. Agimos em defesa de algo que nem sabemos o que é. Simplesmente porque somos "do outro time". Aliás, esse é um fenômeno muito estudado pela psicologia social: ao dividir um grupo em dois, as pessoas de cada grupo passam a buscar motivos para gostar dos que ficaram em seu grupo e odiar os que ficaram no outro, mesmo que os grupos tenham sido escolhidos aleatoriamente.

Peguem uma sala de aula, os funcionários de uma empresa, todos os primos em uma reunião familiar e os dividam em dois grupos, um com camisas amarelas e outro com camisas vermelhas. Rapidamente primos que não se falavam, mas que caíram no mesmo time, encontrarão pontos de interesse comum, reconhecerão qualidades no outro, irão debater ideias e conversar. No extremo oposto, grandes amigos passarão a ver defeitos e criar implicâncias entre si simplesmente porque

O CAPITALISMO

vestem camisetas diferentes. É o que acontece quando você cria a divisão. Daí a famosa frase: *dividir para conquistar*.

O mundo capitalista veste a camisa distribuída pelo dono da bola, os Estados Unidos. Todos que vestem a outra camisa (a vermelha) ficam do lado de lá. E é essa visão maniqueísta, míope e limitada que distorce incrivelmente fatos estatísticos e nos torna soldados de uma pátria à qual nem sequer pertencemos.

AS REDES SOCIAIS

O efeito *Grupo A* versus *Grupo B* é algo que sempre existiu, mas que hoje ganha uma força tremenda, vindo principalmente das redes sociais. Redes sociais existem para vender! São filhas do mundo capitalista, têm, assim, como principal objetivo o lucro. Podem até ter nascido com outros propósitos, mas, como tudo o mais no mundo capitalista quando se mostra capaz de gerar lucro, este passou a ser seu objetivo maior.

Para maximizar as vendas e, portanto, o potencial de lucro, as redes sociais perceberam que precisavam aproximar produtos e serviços de seu público-alvo. E, para isso, começaram a segregar e dividir grupos de acordo com seus hábitos. Nesses grupos, a taxa de conversão de vendas seria muito maior, e as propagandas e iniciativas publicitárias muito mais assertivas e eficazes. Naturalmente foram se criando grupos *A* e *B*, e esses se transformando em ilhas de informações.

Somando-se a isso, surgiram algoritmos que identificam padrões de interesse das pessoas e passaram a informar somente

O QUE OS DONOS DO PODER NÃO QUEREM QUE...

assuntos correlatos àqueles pelos quais elas haviam demonstrado interesse anteriormente. As pessoas começaram cada vez mais a acreditar que os fatos reforçam suas teses – e o mundo passou a ficar mais radical e dividido, contrariando as expectativas de que a tecnologia viria para construir pontes e unir povos e nações.

Sem saber, passamos a viver fechados em nosso "show de Truman", agindo de forma manipulada, automática e muitas vezes irracional, dentro de um roteiro desenhado pelos poucos que se beneficiam de toda a situação.

Uma análise mais aprofundada da natureza humana e de nossos mecanismos automáticos de reação ajuda a entender como isso acontece. Um estudo que mistura conceitos de psicologia, etologia, economia e até fisiologia, mas que pode ajudar a desvendar uma camada além do mundo escondido de nós. É o que encontraremos no capítulo 4 desta obra.

4. ESSE ESTRANHO BICHO HOMEM

Nas ilhas Sulawesi, na Indonésia, estão algumas das mais antigas pinturas de que se tem registro já feitas pelo homem. Testes indicam que foram feitas há cerca de 40 mil anos. É divertido imaginar como era o dia a dia dos artistas que fizeram tais pinturas, pensar sobre sua alimentação, suas interações sociais ou as músicas que cantarolavam. Como nenhum deles deixou vídeos gravados no YouTube ou tirou selfies desses momentos, é difícil dizer ao certo. Tudo o que temos são especulações em cima de pistas deixadas para nós. Há poucas que resistiram ao tempo — esse cruel gigante que tudo transforma.

Existe, porém, um rastro que é capaz de nos dizer muito sobre nossos antepassados. Somos nós o rastro! Afinal, somos fisiológica e psicologicamente muito parecidos com nossos "tataravôs" que moravam nas cavernas.

Boa parte das reações e atitudes automáticas que temos ainda hoje são fruto de um comportamento moldado por um processo de seleção natural que privilegiou, ao longo desses milhares de anos, aqueles que eram os mais aptos.

O QUE OS DONOS DO PODER NÃO QUEREM QUE...

Algumas dessas atitudes, apesar de hoje parecerem mal adaptadas, já foram responsáveis por manter os humanos vivos em tempos difíceis. E é em cima dessas reações automáticas que tomamos a maior parte de nossas decisões todos os dias. Dessa forma, o mesmo sentimento que nos fazia correr para pegar as últimas frutas penduradas numa árvore há 50 mil anos, hoje nos faz comprar um *gadget* que não terá uso algum, simplesmente porque está anunciado como sendo uma das "últimas unidades".

A verdade é que o ser humano se tornou definitivamente um bicho esquisito. Entre todas as espécies do reino animal, somos a única que passa a vida inteira com um único objetivo: mudar sua vida. Todos os outros animais passam seu tempo buscando viver a vida. Nossa cruzada é aparentemente sem fim, similar a uma caçada em direção ao horizonte, numa corrida na qual cada vez estamos mais velozes, mas o destino final parece simplesmente não se aproximar.

Lembro-me de uma viagem que fiz em 2008 aos Estados Unidos para visitar os parques temáticos da Disney. Um amigo, empresário muito bem-sucedido do setor imobiliário, que morava em Miami, quando soube que eu iria, me disse para não alugar carro durante a viagem, porque ele me emprestaria o dele. Disse-me ainda que eu teria uma surpresa!

Assim que cheguei à casa dele, a surpresa estava brilhando na garagem. Ele iria me emprestar o carro que acabara de comprar, uma Maserati GranTurismo preta, modelo que havia sido recém-lançado no salão do automóvel de Genebra em 2007. Eu não podia acreditar no que estava vendo! Eu, que nunca tinha dirigido um carro importado no Brasil, iria passar uma semana com a marca

ESSE ESTRANHO BICHO HOMEM

que é considerada o passo anterior à Ferrari! Só de imaginar, fiquei com medo. Se acontecesse alguma coisa, precisaria de alguns anos de salário para pagar o prejuízo. Meu amigo, porém, me acalmou, dizendo que eu poderia dirigir tranquilo, pois o carro estava totalmente segurado. Era pegar a chave e aproveitar minha semana.

Peguei o carro e parti para Orlando. Fui dirigindo com a ponta dos dedos, admirando o painel de couro costurado à mão, os instrumentos que pareciam de um jato executivo e me deliciando com o ronco do motor de mais de 400 cavalos de potência. Já no primeiro pedágio, quando abri o vidro para pagar a tarifa, pude perceber como a máquina que eu estava dirigindo chamava atenção. A senhora da cabine olhou para mim com espanto e exclamou: "*Wow! Are you Batman?!*" (algo como: "Nossa, você é o Batman?!"). Fiz cara de rico e segui em frente com um sorriso no rosto.

Os dias foram passando e aquilo que era uma experiência quase transcendental e única para mim, passou a tornar-se normal. No terceiro dia, já não pedi para lavarem o carro após usá-lo. No quinto dia, já o parei numa vaga normal sem usar o serviço de manobrista. E no sexto dia, estacionando o carro em uma farmácia, o susto aconteceu. Em vez de procurar uma vaga espaçosa, livre de riscos, como fiz nos outros dias, resolvi parar em uma vaga mais perto da loja. Ao manobrar, tentando encostar o carro o mais próximo do da frente para caber na vaga, ele de repente parou, dando um pequeno tranco! Eu havia encostado no para-choque do carro da frente ou, na linguagem coloquial, dado um "totozinho".

Na hora gelei! Saí da direção correndo e fui ver se algo tinha acontecido com o carro do Batman. Quando olhei para

O QUE OS DONOS DO PODER NÃO QUEREM QUE...

a entrada de ar na frente do carro, onde fica o tridente símbolo da montadora italiana, vejo apenas duas pontas apontando para cima. Um "bidente"! Fiquei absolutamente desesperado. "Quanto será que custa um dos dentes desse símbolo da Maserati?", "Será que consigo comprar o símbolo separado ou tenho de comprar o para-choque inteiro?", "E agora, meu amigo vai saber que eu dei um totozinho com o carro dele". Essas foram algumas das coisas que passaram imediatamente na minha cabeça. Mas era só o começo, e a paranoia até o último dia só aumentou. Não é exagero dizer que aquilo foi um banho de água fria em toda a viagem.

Assim que cheguei de volta à casa de meu amigo para lhe devolver o carro, me preparei para dar a notícia. Estava absolutamente constrangido. Cumprimentei-o e fui direto ao assunto: "Cara, tenho de te contar uma coisa que está me tirando o sono há alguns dias. Antes de qualquer coisa, me desculpe, e pode ficar tranquilo que eu vou pagar... Sabe aquele símbolo que seu carro tem ali na frente?". Antes que eu acabasse de falar, ele me interrompeu: "Putz, Edu, esqueci de te falar. Ele estava quebrado, sem um dos dentes...".

Bem, o palavrão que eu falei na hora não cabe neste livro. Mas a lição, sim. Percebi que, independentemente de quão grandioso seja nosso objetivo ou sonho material, assim que o conquistamos, nos acostumamos rapidamente com a conquista e estabelecemos imediatamente outro objetivo sem o qual nossa vida não será plenamente feliz. Somos um animal viciado na mudança e insatisfeito com o que temos na vida. Independentemente do quanto ou do que temos.

ESSE ESTRANHO BICHO HOMEM

A pergunta, porém, que parece não ter resposta é: "Queremos mudar nossa vida para o quê?" Yuval Noah Harari, em sua obra *Homo Deus*, defende que nosso grande objetivo é resolver os paradigmas de sofrimento e finitude da vida humana. Pode ser, mas não me parece que os avanços que fizemos até hoje sinalizam que seja realmente esse nosso objetivo. Ou pelo menos não deveria. Em 1800 um cidadão médio de Londres vivia 35 anos e trabalhava 70 horas por semana. Hoje vive em média 80 anos e trabalha 35 horas. Passou a viver, na média, mais que o dobro e a trabalhar metade. E não existem índices que mostrem que a sensação de satisfação e plenitude com a vida tenha sofrido grandes mudanças.

Por que queremos tanto mudar? Seria uma herança genética de nossos antepassados nômades, que precisavam sempre mudar de lugar, de alimento, de amigos, para poder sobreviver? É possível, mas difícil dizer se é provável. Seria consequência da indústria da esperança e dos sonhos, patrocinada pelo consumismo capitalista? Talvez essa seja uma pista melhor. De fato, sabemos somente que o desejo insaciável de mudar, somado ao desconhecimento do que se busca na mudança, é responsável pela condição ansiosa, triste e carente da maior parte da população mundial.

O mais curioso vem agora. Apesar de passarmos uma vida inteira querendo mudar, temos medo daquilo que é diferente! E, se mudar implica necessariamente ir ao encontro do diferente, isso significa que vivemos uma vida de sentimentos paradoxais, que geram insegurança e ansiedade. Quanto maior o medo de mudar, maiores esses sentimentos. E de onde será que vem esse medo que temos do diferente?

IGUAL E DIFERENTE

Existe entre os pássaros um que é conhecido como um grande "trapaceiro social". Estamos falando do cuco (*Cuculus canorus*), pássaro da família *Cuculidae* e que recebe esse gentil apelido pelo fato de seu canto ser composto de uma sequência de duas notas que parecem dizer isso (Cu-Co). As fêmeas do cuco colocam seus ovos em ninhos de outras aves, para que, ao nascer, sejam criados por uma mãe adotiva e poupem o trabalho à mãe biológica. Com isso, os filhotes imediatamente adotam a nova mãe, recebendo dela alimento e água para sobreviver aos seus primeiros dias de vida. Apesar de serem de outra espécie e, em alguns casos, absolutamente diferentes em termos de aparência, os cucos filhotes não fogem nem temem a presença da fêmea que cuida deles. Não é essa, porém, a regra que rege o mundo animal. No mundo animal, o diferente é perigoso. E todos os animais aprendem isso desde que nascem.

Dividido entre predadores e presas, o reino animal só é seguro (e mesmo assim nem sempre) quando se está entre os semelhantes. E a definição de semelhantes é: "Aqueles com quem se está desde o momento do nascimento." É por isso que um antílope bebê já sabe que, ao ver um leão, deve fugir. É por isso também que uma formiga foge de uma aranha e não foge de outras formigas.

Com seres humanos também é assim. Desde que morávamos em pequenos abrigos e nas cavernas, já sabíamos que só seria seguro estar perto de algo que se mexesse caso fosse muito parecido conosco. Mesmo se tratando de outros humanos, se estes vestissem outras roupas, tivessem uma cor de pele ou um

ESSE ESTRANHO BICHO HOMEM

corte de cabelo diferente, era provavelmente sinal de que eram de outra tribo, o que significava perigo! E esse mecanismo de achar conforto no que é igual e conhecido e de temer o que é diferente molda nosso comportamento até hoje.

Crianças são um bom exemplo de como essa característica surge desde os primeiros anos de vida. Elas são capazes de assistir ao mesmo filme uma centena de vezes na TV. Porque acontece sempre tudo igual, elas têm sensação de segurança. Por outro lado, bebês de poucos meses, quando mudam do colo de seus pais para outro desconhecido, imediatamente começam a chorar e pedir ajuda. O diferente é sinal de perigo!

Vamos envelhecendo e esse tipo de atitude ganha outros contornos, ficando ainda mais latente em nosso comportamento. Boa parte dos preconceitos que as pessoas manifestam pode ser compreendida como o medo do que é diferente. Desde o medo de alguém com uma cor de pele distinta até outro com tatuagens por todo o corpo. Reações estereotipadas, programadas em nosso cérebro para nos defender, mas que nos fazem também agir de maneira injusta e desnecessariamente agressiva.

Mesmo sem compreender o mecanismo de ter medo do diferente, com clareza e de forma consciente, somos capazes de usá-lo com bastante frequência para nos proteger. Adolescentes e ídolos com ascensão meteórica ao estrelato sabem bem do que estou falando, pois têm muito mais em comum do que imaginam. A insegurança gerada pela fase que estão passando – adolescentes por estar na idade de caminhar sozinhos e estrelas do mundo do entretenimento por achar que seu sucesso pode ser uma fraude – os faz quererem afastar os outros.

O QUE OS DONOS DO PODER NÃO QUEREM QUE...

E a primeira coisa que lhes vem à cabeça para se distanciar dos que estão ao redor é tornar-se bem diferentes. Tatuagens por todo o corpo, piercings, cabelos com cortes diferentes e roupas absolutamente exóticas. São mudanças geradas pelo medo que eles têm de o mundo descobrir (agora que estão em evidência) que são uma fraude. E que, inconscientemente, combatem tentando gerar medo nos que estão ao redor. É a maneira mais rápida de buscar proteção. Como diria Maquiavel, vale mais ser temido do que amado. Eu também tenho minha tatuagem, coincidentemente feita na adolescência. Só que não são apenas as pessoas que usam esse mecanismo para se proteger ou se beneficiar. Empresas, políticos e até nações usam e abusam desse mecanismo automático para se perpetuar no poder.

FIQUE ONDE ESTÁ

Bancos são um bom exemplo desse mecanismo. Os grandes bancos conseguem, através de suas gigantes campanhas de marketing e do estímulo à desinformação, gerar o sentimento de que só existe uma forma de estar seguro: ficando exatamente onde está. E é por isso que a maioria das pessoas teme sair de seus bancos sem sequer conseguir explicar detalhadamente quais são os riscos de sair.

Políticos fazem o mesmo. E induzem a população a pensar que um novo nome no poder irá destruir vidas. O mais intrigante é ver que, mesmo que a vida das pessoas já esteja destruída – mesmo assim –, elas seguem temendo a mudança. Percebi isso claramente no dia em que vi um pedinte cego caminhando com sua bengala

ESSE ESTRANHO BICHO HOMEM

entre os carros em um farol, pedindo dinheiro e gritando palavras em defesa do presidente da República. A vida dele parecia estar no fundo do poço, mas mudar parecia ser ainda mais perigoso.

Políticos usam ainda uma derivação desse artifício. Por mais estranho que pareça, não se incomodam e chegam mesmo a estimular (dissimuladamente) o senso comum de que "político é tudo igual". A velha história de que "todos roubam", "são todos corruptos", "todos têm dinheiro escondido" etc. faz com que os que estão no poder consigam perpetuar-se. E a população, sem perceber que está caindo em uma armadilha, reverbera o sentimento, ajudando a manter no poder aqueles que mais criticam. *Políticos não são todos iguais.* Podem até ser todos ruins (o que também não me parece provável), mas são todos diferentes – e saber isso é um passo importante para melhorar os representantes que exercem o poder por nós.

Quanto às nações, a lógica também é parecida. Percebam como ficamos incrivelmente incomodados quando o poderio norte-americano é posto em xeque por qualquer outra nação. Mesmo sem ter qualquer benefício direto do domínio dos Estados Unidos (afinal estamos no grupo das nações que financiam o seu poderio e condição econômica), defendemos a todo custo, com nossas atitudes e ideias, a manutenção de seu status de império soberano do mundo capitalista.

A aversão ao que é novo se manifesta de outra maneira também em nossos dias. E provavelmente o leitor que chegou até aqui entenderá o que digo. Temos uma dificuldade tremenda, que beira a impossibilidade, de mudar nossas opiniões. Quem melhor descreve esse tipo de característica é o psicólogo norte-americano

O QUE OS DONOS DO PODER NÃO QUEREM QUE...

Robert Cialdini. Ele batizou esse mecanismo de reação automática de "Regra do compromisso e da consistência". Segundo esse psicólogo, autor de best-sellers, a partir do momento em que emitimos uma opinião, costumamos nos tornar escravos dela.

Existe uma explicação evolucionista para agirmos assim. Toda decisão que tomamos (e emitir uma opinião é uma decisão de assumir um posicionamento sobre um assunto) implica um sofisticado processo. Começamos ao analisar todas as alternativas possíveis. Criamos diferentes cenários para cada uma e imaginamos quais serão mais favoráveis. Adicionamos ao processo os riscos que pensamos existir e também os custos que cada possível decisão traz consigo. Finalmente escolhemos um caminho e tomamos a decisão.

Imagine que nossos ancestrais precisavam tomar algumas dezenas, talvez centenas de decisões por dia. Nós, hoje, temos de tomar alguns milhares! Alguns autores chegam a afirmar que um homem hoje recebe, por dia, a mesma quantidade de informação que recebia durante toda a vida quando habitava o interior das cavernas. Nossa vida seria, portanto, um caos se tivéssemos que, para cada uma das decisões, reavaliar todos os cenários e passar por todo o processo decisório novamente. Por isso, somos tão inflexíveis e cabeça-dura em nossas decisões!

Buscamos de todas as formas contra-argumentar quando algo vai contra uma opinião que já emitimos, mesmo que essa opinião tenha sido manifestada de uma forma descomprometida, ingênua e quando não sabíamos nada sobre o assunto. Se falamos qualquer coisa, nossa missão dali em diante será defender o que falamos. E é por essa razão que o sistema é normalmente tão estável. É por esse motivo que os filhos repetem o que diziam induzidos por seus pais e seus mestres nas escolas. E é por isso que a maior parte das discussões é absolutamente inútil, dado que são brigas para defender pontos de vista, em vez de ser troca de informações para se atingir um patamar decisório mais elaborado.

Também por isso a maior parte das pessoas que está lendo este livro simplesmente ficará chateada ou criará discursos para invalidar ideias que estão aqui. Não ficarei chateado, afinal sei que não é pessoal. É simplesmente parte das pessoas.

A CONFUSÃO ENTRE O INDIVIDUAL, O COLETIVO E AS LEIS

Pouco antes de eu começar a escrever este livro, uma discussão acalorada tomou conta da opinião pública no país. Era sobre policiais que espancaram menores infratores e foram captados por um cinegrafista amador. Aquilo me chamou a atenção para um importante fenômeno que passa despercebido de grande parte das pessoas e que tem tudo a ver com o conteúdo desta obra: como confundimos nossas reações e vontades pessoais com o que é o *correto* a se fazer para o coletivo. O insight veio por meio de um *post* no Facebook, do discurso de um dos internautas irados com o que os menores haviam feito. Dizia ele: "Tinham de matar esses vagabundos. Os policiais fizeram foi pouco. Queria ver se os menores tivessem feito o que fizeram com alguém da família desses defensores dos direitos humanos, duvido que iriam querer protegê-lo."

Fantástico! De uma forma tosca e agressiva, ele tornou claro algo que as pessoas não conseguem perceber. A maioria de nós, exposta a algum problema ou situação polêmica, defende que seja

O QUE OS DONOS DO PODER NÃO QUEREM QUE...

feito o que estiver de acordo com nossa reação emocional. Somos incapazes de pensar no melhor a se fazer de forma sistêmica – e que sirva para o bom funcionamento da sociedade como um todo.

O posicionamento público de um político tido como "defensor dos direitos humanos" foi perfeito: "A lei permite que os policiais machuquem ou matem os menores intencionalmente? Não!" – dizia ele. – "Se não permite, não há o que discutir, eles estão errados. Não se trata de defender os menores, se trata de defender a lei."

Ele estava certíssimo. Ao infringir a lei, os policiais se igualaram aos infratores que agrediram. Pelo menos perante a lei. Infelizmente, porém, o que fica para a opinião pública em casos como esse é que aqueles que defendem a lei, como o político que criticou a ação dos policiais, são pessoas insensíveis à dor das vítimas. Claro que a inabilidade com as palavras (e com a hora certa de falar) das pessoas que defendem a aplicação da lei faz com que muitas vezes pareçam defensores daqueles que praticam os delitos aos olhos da população.

Imaginem um mundo onde todos simplesmente seguissem seus impulsos emocionais. Pior, onde as leis fossem feitas seguindo esses impulsos. Na verdade, esse mundo hipotético é exatamente a definição de um mundo sem lei alguma. Elas não seriam necessárias, todos saberiam o que fazer. Um mundo, por definição, selvagem.

Políticos e figuras públicas, quando fazem a pergunta "E se acontecesse com você, o que iria querer fazer com esses infratores?", estão cometendo desonestidade intelectual – que é proposital – e visam exatamente a confundir e desinformar a todos.

Vou calçar os sapatos de quem passa por essa situação. Se alguém, algum dia, fizesse uma maldade a alguém a quem

ESSE ESTRANHO BICHO HOMEM

amo muito e me perguntassem o que eu gostaria de fazer com essa pessoa (peço a Deus que nunca aconteça), provavelmente minha resposta seria irada, forte e contundente. Algo do tipo: "Deixem-no preso até a morte", "Bata nesse vagabundo" ou até "Elimine esse mau elemento". Seria, porém, uma resposta apoiada apenas no que eu sentiria naquele momento. O erro das pessoas é confundir essa reação, esse sentimento, com o que é certo a ser feito, principalmente se as leis dizem o contrário.

Se a sociedade, como um todo (ou pelo menos na maioria), realmente acha que uma reação extremada como essa deve ser a regra, deve iniciar um debate levando a uma mudança nas leis e, então – com uma nova lei –, cobrar que ela seja cumprida.

É muito fácil manipular e desinformar as pessoas em casos assim. Por um simples motivo: leis não necessariamente são empáticas, não representam os impulsos que temos como reação ao que nos acontece. Basta inflamar os ânimos das pessoas para que elas se sintam representadas. E assim a manipulação acontece.

A palavra empatia vem de *em + pathys*, ou seja, dentro do sofrimento. As leis e as regras sob as quais vivemos não necessariamente seguem a mesma direção de nosso sofrimento. E, principalmente, não tem o mesmo timing. Aliás, um pouco de empatia é algo que faria com que algumas pessoas mudassem sua forma de agir e conseguissem enxergar melhor o fenômeno de confundir impulsos com o que é certo a se fazer.

Lembro-me de quando era mais novo e conheci um casal amigo de meus pais que era incrivelmente conservador. Achavam que adolescentes que fumavam maconha deveriam ser presos e sofrer duras penas. Diziam que esses é que financiavam o tráfico de drogas e que, portanto, incentivavam todo o ciclo marginal, que resulta em assaltos, roubos e mortes. Cenas como aquela em que menores infratores apanhavam de policiais eram comemoradas pelo casal: "Enfim estão aprendendo a lição."

Até o dia em que algo que certamente não estava em seus planos aconteceu. Seu filho foi pego com uma quantidade grande de maconha e preso por tráfico de drogas. Naquele momento, o amor paternal os fez pular para o outro lado do balcão. O filho, sem curso superior e pego em flagrante, foi levado para uma cela comum e passou a dividir o espaço com assassinos, agressores e com outros meninos que tinham feito a mesma coisa. O desespero foi imediato: "Temos de conseguir um bom advogado para tirar nosso filho dali"; "Nosso filho é ainda uma criança, e essa experiência vai acabar com o resto da vida dele, ele vai ficar para sempre traumatizado"; "Ele já aprendeu a lição, soltem-no, que ele nunca mais vai fazer isso". Esses e outros comentários passaram a ser o tom do discurso. Era exatamente o contrário do que diziam quando acontecia com os filhos dos outros.

Notem que isso não significa que tais comentários representassem o que era o certo a fazer com o filho. Mas mostram como somos capazes de entender os dois lados quando, de alguma forma, entramos no sofrimento dos protagonistas das discussões. E como é importante não incentivarmos ações, leis e políticas públicas simplesmente por aquilo que sentimos ao ver uma situação – exatamente como muitos políticos e formadores de opinião nos induzem a fazer. Talvez, se aquele casal amigo de meus pais tivesse formulado as leis para crianças e adolescentes, seu próprio filho teria sido condenado à pena de morte com aquela quantidade de maconha no bolso.

5. O MODELO IDEAL DE GOVERNO

Dizem que certa vez o pavão olhando para o céu observou o voo de um urubu. Pensou: "De que adianta ter toda essa beleza, essas plumas coloridas, se sou destinado a ficar preso ao chão? Sorte tem o urubu, que pode voar alto onde todos podem vê-lo!" Naquele momento, o urubu percebeu que estava sendo observado do chão. Ao olhar para o pavão, pensou: "De que adianta voar tão alto, se minha feiura chega a doer? Sorte tem o pavão de ter toda essa beleza e encantar a todos que o veem." Um dia, tomaram coragem e resolveram conversar. Da conversa veio uma brilhante ideia! Por que não se cruzavam para gerar uma descendência com o que cada um tinha de melhor? Um animal lindo e capaz de voar? Pois assim fizeram. E deles nasceu o peru, que é feio e não voa.

A anedota enseja uma grande lição de moral. As soluções podem não ser tão simples como parecem, ou como se quer fazer parecer. Todas as sextas-feiras, após o horário de trabalho, nas mesas de bar em todo o país, surgem milhões de ideias sobre como fazer os times de futebol imbatíveis, como criar filhos,

O QUE OS DONOS DO PODER NÃO QUEREM QUE...

como fazer as empresas lucrarem mais e como governar um país. A maioria delas, provavelmente, são tão eficazes como o cruzamento do pavão com o urubu.

A teoria sem compromisso com a execução é quase sem utilidade. Digo *quase* porque pelo menos ela cumpre a função social de reunir dois amigos tomando um chope. Mas pouco ajuda para mudar de fato a situação.

Na verdade, o título deste capítulo não seria este, "O modelo ideal de governo". Seria "Capitalismo *versus* socialismo?" A intenção seria provocar mesmo. Resolvi mudar o título, porém, para não gerar de antemão ódio, discórdia e preconceito entre os leitores. Afinal de contas, *não é um capítulo que tem como intenção defender qualquer um dos dois regimes.* É um capítulo para o qual trago ideias sobre como tornar o sistema mais eficiente e justo.

Vocês vão perceber que não defenderei, ao longo das próximas páginas, nenhum dos dois modelos – o capitalista ou o socialista. Talvez o leitor perceba, porém, que as ideias que trago se aplicam mais ao modelo capitalista. E é normal que seja assim. Afinal é o sistema em que vivo e, portanto, para o qual minhas contribuições seriam de maior valia.

É aqui que corro o risco de perder os poucos amigos que controlaram seus sentimentos e foram capazes de seguir a leitura até este ponto. Isso porque dificilmente o que virá a seguir como visão de mundo se encaixará em qualquer um dos pacotes prontos que são vendidos para as pessoas hoje em dia.

Seguindo o mesmo raciocínio, elaborado há alguns capítulos, as pessoas cada vez mais tentam simplificar suas opiniões e decisões, sejam elas políticas ou de qualquer outra ordem. É

O MODELO IDEAL DE GOVERNO

um mundo que nos atropela com a velocidade das informações, que nos assola com a necessidade de tomada de decisões e que, portanto, exige que busquemos atalhos para pensar. É assim, escolhendo um dos atalhos prontos que nos é oferecido, que nossas decisões e opiniões são todas tomadas de uma vez só – e dificilmente reavaliadas ao longo do caminho, mesmo que todo conhecimento que eventualmente conquistemos vá na direção contrária.

As pessoas foram divididas entre conservadoras ou revolucionárias. Petralhas ou coxinhas. Garotos de condomínio ou marginais. E, curiosamente, num ótimo exemplo de profecia autorrealizável, acabaram realmente se tornando aquilo que lhes foi rotulado pela sociedade. É essa, aliás, a intenção de criar rótulos: controlar como as pessoas vão se comportar, pensar e reagir aos fatos para manter a ordem existente.

OS PACOTES BÁSICOS

Os pacotes básicos são somente dois. Do lado conservador, você tem que ser, por exemplo, favorável aos Estados Unidos (preferencialmente aos republicanos), a Israel, à pena de morte, às mudanças nas leis que regem a previdência, a justiça do trabalho e à dimunuição da idade mínima penal e contrário à descriminalização do aborto, à legalização das drogas e às causas ambientalistas. Do outro lado da mesa estão Cuba, a Palestina, a proteção da Amazônia, a manutenção das leis que protegem o trabalhador etc.

O QUE OS DONOS DO PODER NÃO QUEREM QUE...

O problema é que ambos os pacotes são rasos e ingênuos. Por já serem de antemão definidos e quase herméticos, não contribuem em nada para a discussão de qualidade e busca de alternativas. Perceba que falo isso dos dois! E por isso escrevo sabendo que, em vez de agradar a todos, irei, consensualmente, incomodar. Portanto, adeus aos poucos amigos que restaram como leitores.

Escrevo este livro enquanto vejo meu país discutir a reforma da Previdência Social. É possível que, ao ser publicado, as mudanças na lei já tenham sido votadas ou vetadas. Por agora, o país novamente se dividiu. Novamente os pacotes são somente dois, "a favor" e "contra". Apesar de toda generalização cometer injustiças, os "coxinhas" ficaram com o pacote "a favor", e os "petralhas", com o pacote "contra".

O problema é que a minoria absoluta das pessoas que estão se manifestando sequer conhece o que está proposto, os direitos que estão em xeque e os efeitos que existirão para o país em qualquer um dos casos (aprovação ou rejeição da reforma). No máximo, repetem coisas que ouviram falar ou viram escritas em suas redes sociais como: "Se a reforma não for aprovada, o país quebra!" ou "Estão roubando os direitos do trabalhador brasileiro". Quebra como? Roubando como?

A escola de meus filhos, por exemplo, aderiu à greve em protesto a essa mesma reforma. Estamos falando da instituição que é o símbolo do conhecimento, da informação de qualidade e da conscientização: a escola! Recebi deles um aviso de que adeririam à greve porque entendiam a importância de questionarem as mudanças propostas. Que decepção eu tive. Esperava

O MODELO IDEAL DE GOVERNO

deles muito mais. Quais pontos da reforma são ruins? Quais seriam suas sugestões de mudança?

Nada. Absolutamente nada em seu comunicado. Letras vazias. Um protesto em favor da inércia. Além de não ajudar em nada, desperdiçaram um importante momento em que o tema poderia ser trazido à tona e gerar uma discussão de qualidade que eventualmente traria importantes benefícios ao país. Mas a inércia também interessa aos que dominam os meios e os poderes. Sem perceber, os que protestam assim, no raso, simplesmente contribuem para que só existam os dois pacotes – de um lado, o que não muda nada, e do outro, o que muda de uma maneira impositiva, impactando a maior parte da população de uma forma que ela não entende e servindo ao interesse dos que estão no topo da pirâmide.

IMPOSSÍVEL E INVIÁVEL?

Eu, por exemplo, vejo essa questão das reformas de uma forma muito distinta da maior parte das pessoas. Tenho certeza que de maneira polêmica e taxada como inviável para a maior parte dos especialistas. Mas, antes de entrar na forma como eu a vejo, deixem-me ficar um pouco mais neste tema do que é impossível e inviável.

Em 2009, abri junto a outros sócios uma empresa no mercado financeiro. Eu acabara de sair do único emprego que havia tido na vida com carteira assinada – doze anos na mesma empresa. A experiência de montar um negócio do zero foi muito

O QUE OS DONOS DO PODER NÃO QUEREM QUE...

especial, me tornou empático aos que empreendem. A burocracia que enfrentam, os custos a pagar e a legislação que os atrasa parecem completamente inadequados para os tempos modernos e tecnológicos em que vivemos. Tudo isso e muito mais.

Como vim de uma empresa grande, onde sempre existia o "alguém" que fazia essas coisas, foi também uma chance de descobrir que o tal do "alguém" não existe em uma empresa pequena que você cria do zero. Você quer tirar uma cópia de um documento? Vamos lá, levante o traseiro da cadeira e vá até a máquina, o alguém é você! Foi assim com tudo. Comprar o papel higiênico para os banheiros, reconhecer firmas nos cartórios, manter a máquina de café cheia – e outras coisas que antes pareciam magicamente acontecer quando eu trabalhava numa empresa cheia de "alguéns".

Eu e meus sócios iríamos gerir fundos de investimento e dar consultoria em operações no mercado brasileiro de fusões e aquisições. Cada um de nós, sócios, assumiu uma responsabilidade na nova empresa, e a minha, além de ter a certeza de que o café estaria sempre quente e disponível, era tocar a área de gestão de patrimônio dos clientes. Uma tarefa difícil, dado que um dos principais fatores levados em consideração por alguém que deseja investir seu dinheiro em uma empresa é a solidez e tradição dela. Como falar em solidez e tradição em uma empresa recém-constituída?

A solução era inovar. Trazer algo diferente "para a mesa". Recentemente, em uma entrevista para um programa de grande audiência, perguntaram-me qual era a frase que norteava minha vida. Respondi: "Se você quer chegar aonde ninguém jamais chegou, deve fazer o que ninguém jamais fez." Era isso: precisava fazer algo realmente especial para convencer clientes a trazerem seu patrimônio para ser gerido por nossa empresa.

O MODELO IDEAL DE GOVERNO

Foi quando, observando os mercados nas telas de meus computadores, tive uma ideia. Percebi que os títulos de dívida das empresas brasileiras nos mercados externos, os *Eurobonds*, estavam sendo negociados em taxas muito distintas (no caso, maiores) do que os títulos das mesmas empresas que negociavam no mercado local, as debêntures. Algo não tão raro, dado que os dois mercados, o externo e o local, durante muito tempo não tinham vasos comunicantes que permitissem realizar operações que se aproveitassem dessa diferença. Só que agora tinham! Há pouco tempo havia surgido uma nova legislação que permitia que fundos locais comprassem os títulos de dívida negociados no exterior. O caminho era complexo, envolvia uma série de liquidações financeiras, transações em moedas diferentes e contas abertas em todas as instituições financeiras envolvidas no processo. Ou seja, na teoria era possível aproveitar as altas taxas com que os títulos estavam sendo negociados no exterior, mas, na prática, segundo palavras da pessoa que trabalhava comigo, "era quase impossível de fazer".

Pedi para essa pessoa, um rapaz de um raciocínio matemático brilhante e incrivelmente eficiente, ligar para alguns bancos e perguntar se eles liquidariam essas operações para nós. Em pouco tempo veio a resposta. O rapaz chegou para mim com um olhar frustrado e disse: "Eles todos disseram que nunca foi feito por ninguém." "Ótimo!", exclamei, para sua surpresa. "Se nunca foi feito, seremos os primeiros, e teremos um diferencial verdadeiro em relação à concorrência! Vamos desenhar a operação!"

Poucas semanas depois, estávamos com o fluxo totalmente operacional e nos tornamos o primeiro fundo de investimento

O QUE OS DONOS DO PODER NÃO QUEREM QUE...

a fazer essa operação. O fundo começou com um patrimônio de R$ 20 milhões e deu origem a uma área de gestão de crédito que hoje administra quase 4 bilhões de reais – somente cinco anos após seu início.

O caso dos *Eurobonds* confirmou um princípio que sempre me norteou: "Se pode ser pensado, pode ser feito." Fiz questão de lembrar essa história antes de entrar nas ideias e conceitos que desenvolvi sobre o mundo. Tenho certeza de que a primeira reação das pessoas à maior parte delas será dizer: "Impossível de fazer" ou "Nunca funcionará". E é possível que realmente não funcionem como eu as imagino. Na verdade, o único jeito de saber seria colocá-las em prática.

Já montei mais de uma dezena de negócios e empresas partindo do zero, implementando ideias totalmente novas e nunca testadas. Quase todas foram taxadas, no começo, de loucas ou de impossíveis de funcionar. Algumas realmente não funcionaram (talvez a maioria). Mas foram as que funcionaram que permitiram que algumas dessas iniciativas e empresas se transformassem entre as maiores do Brasil e eu conseguisse chegar aonde cheguei. Sei como é ingrato assumir esse papel, o de *dar ideias*. Criticar é incrivelmente mais fácil e seguro. Exige menos esforço, coragem e até estudo.

A verdade é que o mundo é formado quase que em sua maioria por pessoas que torcem para que novidades apareçam, mas que morrem de medo de tentar o novo. Torcem para a cura do câncer surgir, para um carro que não polua ser inventado, para uma espaçonave que leve turistas ao espaço ser disponibilizada a preços razoáveis, para criarem alguma tecnologia que prove se há vida após a morte e, quem sabe, ser capaz de se comunicar

O MODELO IDEAL DE GOVERNO

com quem já partiu – além de muitos outros anseios. O que as pessoas esquecem é que essas coisas não aparecem do nada, não nascem da terra. Em algum lugar precisa existir alguém que não tenha medo do erro, de parecer ridículo ou de avançar em direção ao impossível e que seja capaz de tentar. Sabendo que, na grande maioria das vezes, irá realmente errar ou surgir com uma ideia ou conceito frágil, mas que sempre servirá como um ponto inicial de discussão, um impulso para sair da inércia e buscar um novo lugar mais justo e, quem sabe, mais perto do impossível.

PAPEL DO ESTADO

Antes de começar minhas palestras motivacionais, faço questão de quebrar uma expectativa dos participantes. Não será dada ali nenhuma fórmula milagrosa para mudar a vida das pessoas. Simplesmente porque não acredito que tais fórmulas existam. E não existem porque as pessoas são diferentes. Nasceram em lugares diferentes, de pais diferentes, estudaram em escolas diferentes e viveram histórias diferentes. Isso faz com que riam de piadas diferentes, apaixonem-se por pessoas diferentes e tenham definições de sucesso diferentes. Como posso eu, então, oferecer-lhes um caminho único? É leviano, penso eu, oferecer a promessa de algo assim.

Da mesma forma, não acredito que existam fórmulas únicas (e mágicas) para as nações, a fim de buscar uma sociedade justa e feliz. Curioso é eu escrever "justo e feliz". Não seria normal imaginar que sociedades justas sejam felizes?

O QUE OS DONOS DO PODER NÃO QUEREM QUE...

A experiência mostra que, na maioria das vezes, justiça social realmente contribui muito para uma nação feliz. O ranking global de felicidade traz países como Noruega, Dinamarca e Suíça entre os top 10 da lista. Mas traz também países onde a justiça social não é uma realidade, como a Costa Rica, país bem colocado, estando inclusive à frente de gigantes como Estados Unidos e Inglaterra. Isso leva a uma pergunta filosoficamente (e também na prática) importante: o que deveria ser maximizado: *felicidade* ou *justiça social*?

Aqui já vem minha primeira opinião e, por ser opinião, tem todo o direito de ser contestada ou contrariada pelo leitor. Acredito que países devam buscar *justiça social* como prioridade. O que me faz pensar assim é o fato de a justiça social ser um componente importante para felicidade pessoal – e é mais difícil (apesar de não ser impossível) imaginar um cenário em que a *infelicidade* seja fruto da busca por justiça social do que outro, em que a *felicidade* das pessoas sirva de cortina de fumaça para esconder injustiças sociais.

Países diferentes certamente terão fórmulas diferentes para buscar justiça social. E esse é um dos maiores erros que vejo quando se discute o papel que o Estado deveria ter na economia. Na verdade, não acredito que seja exatamente um erro. Acredito que seja realmente uma estratégia para proteger o *status quo* e a condição social de quem está no poder.

O MERCADO NO BRASIL

É difícil falar em "livre competição" ditando as condições de mercado em países como o Brasil. Recentemente entrevistei, em minha coluna em um dos principais jornais brasileiros, um

O MODELO IDEAL DE GOVERNO

empresário muito bem-sucedido, dono de uma empresa que fatura cerca de R$ 2 bilhões por ano. Além de empresário, é uma pessoa muito envolvida com a questão política, patrocinando iniciativas que, segundo ele, visam a melhorar a qualidade dos representantes brasileiros no poder. Ao final da entrevista, ele me disse: "Semana passada estava com meus filhos em Nova York e visitamos o Museu de História Natural. Meus filhos enlouqueceram com o museu e, ao passearem pelas galerias, puderam testemunhar tudo aquilo que aprenderam na escola e nos cursos extracurriculares que fazem aqui em São Paulo."

E completou, concluindo: "É injusto eles competirem com crianças que moram numa casa sem água nem esgoto, que frequentam uma escola pública e nunca terão viajado para fora de seu estado até ingressarem no primeiro emprego. Não venham me falar de meritocracia e livre competição numa sociedade como esta."

Achei fantástico o discurso do empresário. E, apesar de, provavelmente, seguirmos linhas ideológicas distintas, concordamos muito nesse ponto. A conversa prosseguiu e também concordamos que as pessoas que defendem a "livre competição" são quase sempre aquelas que detêm os meios – partem, portanto, com vantagem enorme em relação às demais.

É por isso que falar no papel que o Estado deveria desempenhar na economia é algo diferente no Brasil, nos Estados Unidos e na Noruega. Aqui, infelizmente, o *gap* que existe entre os que estão no topo e na base da pirâmide social é tão grande que a livre competição não só seria injusta como, provavelmente, acentuaria essa diferença.

Essa discussão costuma ser encerrada pelos que defendem a livre competição ao dizerem que o "Estado é um fardo muito pesado a ser carregado pela sociedade e que, ao concentrar recursos

O QUE OS DONOS DO PODER NÃO QUEREM QUE...

em uma estrutura ineficiente e letárgica, gera-se corrupção e atraso". O que é um fato. Mas não encerra a discussão!

O Estado brasileiro é, sim, ineficiente. É realmente muitas vezes corrupto e chega a ser até letárgico. Mas mesmo com todos esses defeitos ainda é útil. E poderia ser muito mais se corrigisse suas ineficiências – o que não necessariamente significa diminuir ou deixar de atuar (ou de existir).

Ninguém defende um Estado pesado, lerdo. É claro que a discussão, posta do jeito como é, faz parecer isso. Mas não há dúvidas que, diante de uma múltipla escolha com a pergunta "Você prefere um Estado: *(a)* eficiente e moderno; *(b)* ineficiente, arcaico e corrupto?", todos responderiam com a opção *(a)*. O problema é que a discussão maniqueísta troca a opção *(a)* por "substituído pela iniciativa privada" e transforma Estado em "sinônimo de ineficiência".

Eu não acho que o Estado deva ser pesado. Não gosto também de falar simplesmente que ele deva ser "forte" – apesar de achar que um Estado cumprindo seus deveres com maestria inevitavelmente se torna forte. Gosto de falar que o Estado deve ser presente. Deve atuar onde é preciso e cumprir o seu papel de maximizar justiça social.

DEVERES

É por isso que acho que, no estágio em que se encontra a estrutura social brasileira, as empresas estatais têm, sim, um dever fundamental para cumprir. Quando se tornam empresas

O MODELO IDEAL DE GOVERNO

privadas, passam a ter o lucro como objetivo principal (e único, não fossem as restrições impostas legalmente). Quando estão nas mãos do Estado, podem manter como objetivo maximizar a oferta, disponibilidade e qualidade do serviço que prestam. E enganam-se os que pensam que, ao maximizar o lucro, todas essas variáveis vêm a reboque, também maximizadas, como defendem os liberais. Basta ver o exemplo de várias empresas que já foram privatizadas e cujos serviços estão entre os campeões de reclamações da população.

Isso não significa que as empresas estatais não devam preocupar-se em ser economicamente viáveis e lucrativas. Até porque precisarão sempre de novos investimentos para se tornarem cada vez melhores; e esses recursos devem vir de algum lugar. A melhor maneira de alocar recursos públicos seria partir de um cenário em que a maioria das iniciativas fosse autossustentável e, com base nisso, alocar marginalmente recursos para maximizar essas iniciativas – sempre de acordo com as prioridades de serviços e produtos de que a população necessita.

CAMINHOS?

Mas que caminho seguir (se é que existe um) para alcançar isso?

O caminho que enxergo envolve algumas lições do capitalismo aplicadas ao serviço público. Um cruzamento de pavão com urubu? Certamente para a opinião pública. Porque, ao sugerir isso, eu desagrado os dois grupos, que veem vários desses pontos

ESTABILIDADE

O começo da solução, acredito, está na forma como o funcionário dessas empresas é escolhido e motivado. O principal estímulo para entrar em uma estatal é a estabilidade que o emprego oferece. Infelizmente, porém, a estabilidade prometida não vem da estabilidade do negócio em si, fruto do quase monopólio exercido pelo Estado. A estabilidade vem da dificuldade (em alguns casos quase impossibilidade) de desligamento desse funcionário.

Não acredito que possa ser assim. Um emprego é um contrato que rege uma relação em que, de um lado, se oferece trabalho, esforço, experiência e ideias e, do outro lado, se oferece dinheiro em troca de tudo isso. Se em algum momento a troca começa a ficar muito injusta, ela deve deixar de existir.

Deveriam existir regras mais claras e simples para se desligarem funcionários de estatais que não cumprissem minimamente sua parte da troca. Aos que achavam, portanto, que eu acredito que as estatais devem cumprir seu papel de levar justiça social através dos salários que paga, cometeram um equívoco. Acho, sim, que podem servir como uma relevante fonte de empregos de qualidade, com remuneração justa e planos de carreira motivadores. Mas esse não é o papel-fim de uma estatal. Se for, realmente se torna um "cabide de empregos". O papel-fim de

O MODELO IDEAL DE GOVERNO

uma estatal *é prover seu serviço ou fornecer seu produto de maneira democrática e ótima*. É nesse serviço ou produto que estará sua maior contribuição para uma sociedade mais justa. E, se quem trabalha nessa empresa não é mais capaz de contribuir para o "produto final" sistematicamente, não deveria continuar na empresa.

É claro que as regras de demissão não deveriam ser tão flexíveis como são em uma empresa privada. Até por conta da componente política que invariavelmente existe na indicação de postos-chave em uma empresa estatal e que, se dotados do poder de demitir e contratar sem quaisquer restrições, aparelhariam a empresa toda a cada novo mandato. Mas deveriam ser mais flexíveis do que são hoje.

O fato é que o não sucateamento das estatais e perda total de suas condições de competir com as novas tecnologias depende claramente de ter um time de colaboradores com qualidade e com as motivações certas. Ou seja, para que o ganho de eficiência não venha da privatização das estatais (o sonho dos que são de direita), é preciso flexibilizar as regras de estabilidade no emprego (o que é um tabu para os que são de esquerda). Ou seja, difícil essa ideia agradar alguém.

A GESTÃO

Outra iniciativa, ainda mais polêmica, diz respeito à forma como as estatais são geridas. Eu sou a favor de que essas estatais tenham parte de sua gestão realizada por empresas de consultoria

O QUE OS DONOS DO PODER NÃO QUEREM QUE...

contratadas. Essas empresas, por outro lado, deveriam ter boa parte de sua remuneração atrelada à *sua* performance ao participar da gestão das estatais.

Peço que você que me lê atente para alguns pontos. Gestão não necessariamente significa planejamento estratégico. Na verdade, *gestão é a administração ao longo do caminho para se atingir o que foi estipulado pelo planejamento estratégico*. E, nesse caso, o planejamento estratégico das empresas estatais deve sempre ser definido pelo poder público; afinal, é ele que determina como esta ou aquela empresa contribui para um país mais justo. Assim, a execução desse plano deveria ter auxílio e acompanhamento de um grupo de executivos que seriam remunerados *proporcionalmente* ao que conseguirem agregar para a empresa. E penso que a *performance* não seria medida unicamente pelo lucro da empresa, mas sim por todos os indicadores que mostrassem que a empresa cumpriu o que foi determinado como objetivos para a sociedade.

E por que não simplesmente "contratar" esses profissionais para as estatais em vez de terceirizar parte da gestão? Porque a concentração de poder e recursos que recai sobre dirigentes dessas empresas costuma ser tão grande que a natureza humana costuma "falar mais alto" e levá-los para o lado corrupto da moeda. Por que não pagar a mais para eles? Porque o salário que os tornaria motivados e imunes à tentação de corromper o sistema desequilibraria a equação de cargos e salários das estatais. Não bastaria puni-los exemplarmente? Isso ajudaria a conter os malfeitos, mas dificilmente garantiria que os melhores profissionais gerissem essas empresas.

Não é complicado nem difícil de fazer o que proponho. Claro que leis e regras deveriam ser criadas para regular esse novo

O MODELO IDEAL DE GOVERNO

modelo. Afinal, mesmo aparentemente alinhando interesses e recompensas, ele dá aos consultores contratados margem para burlar o objetivo final da empresa – que é o de maximizar a eficiência e o cumprimento de seu papel.

E não é difícil imaginar como seriam as possibilidades de se burlar o sistema. Provavelmente direcionando a empresa para fornecedores, iniciativas ou insumos que, de alguma forma, trouxessem interesses indiretos (ou diretos e escondidos) para a consultoria.

E é também daí que vem a sugestão de que a remuneração dessas empresas, atrelada à sua performance, fosse depositada em uma conta separada (as chamadas *escrow accounts*) e só pudesse ser resgatada em parcelas distribuídas no tempo. Por exemplo, parcelas anuais recebidas durante três anos. A empresa de consultoria receberia remuneração pela sua gestão de um determinado ano durante aquele e nos dois seguintes. No caso de descoberta de qualquer ilicitude por parte da empresa ao longo desse período – como o uso de sua posição para tráfico de influência ou desvio de recursos –, os valores ainda não pagos ficariam automaticamente bloqueados.

Não me importa que essas empresas recebessem grandes quantias como remuneração, caso sua gestão resultasse em uma performance incrível das empresas estatais. Pensem que, se fossem privatizadas, o lucro estaria quase todo na mão dos novos donos e não necessariamente os serviços demandados teriam sido prestados à população. Ao Estado somente os impostos, pagos sempre sobre o balanço declarado (e muitas vezes maquiado). No caso de se manterem estatais no modelo que proponho, o resultado ficaria todo para o Estado, a

O QUE OS DONOS DO PODER NÃO QUEREM QUE...

população teria a garantia de serviços de qualidade e os funcionários poderiam ser também premiados com programas de participação nos lucros e resultados – criando incentivos corretos e alinhados.

O modelo proposto jamais fará as estatais serem tão avançadas, modernas e, principalmente, agressivas como as empresas privadas. Mas não devem ser mesmo. Devem funcionar como provedoras de condições de qualidade de vida e de equiparação de oportunidades para todos em um país.

Aliás, um argumento repetidamente utilizado pelos que defendem a privatização das estatais é lembrar como era a vida do brasileiro quando existiam outras estatais, que já foram privatizadas. O tipo de empresa mais citado como exemplo do argumento é o de telefonia. "Lembram-se que as pessoas declaravam seu telefone como bem no imposto de renda? Que demorava alguns meses para conseguir uma linha?"

São argumentos frágeis. Apesar de a privatização realmente ter resultado em oferta quase imediata de mais linhas telefônicas para a população, o que se vê hoje são empresas com sérias dificuldades operacionais, campeãs de reclamações e que ainda devem tecnologicamente muito às empresas do mundo desenvolvido.

E não devemos nos comparar para sempre com o que éramos décadas atrás. Notem que outras estatais, que não foram privatizadas, apesar de também estarem longe de ser eficientes, avançaram muito neste período, modernizando e aumentando a oferta de serviços à população. Por exemplo, o serviço de correios há vinte anos devia muito ao que é hoje. E analisem o ranking

O MODELO IDEAL DE GOVERNO

das dez empresas que mais têm reclamações registradas em São Paulo. Lá estão os grandes bancos (os mesmos que defendem um estado menor), empresas privatizadas de telefonia e distribuição de energia e algumas poucas de varejo. Nenhuma estatal está na lista.

CONSULTORIAS E SERVIÇOS

Mas e quanto à estrutura do Estado em si? Sim, porque até agora falamos das estatais, empresas que são controladas pelo Estado. Mas como lidar com o Estado? Os ministérios, as repartições públicas, os poderes Executivo, Legislativo e Judiciário?

Não gosto da ideia de atribuir prêmios de performance para consultorias que ajudem na gestão do Estado, apesar de gostar da ideia de contratar seus serviços (sem o pagamento de prêmios de performance) para ajudar na gestão. Não só consultorias grandes, as famosas *BIG* 5 (as cinco maiores), mas também outras, menores, como de universidades federais e estaduais, que atuam na gestão de prefeituras menores ao redor do país, aplicando teorias modernas de gestão e administração. É uma maneira de envolver alunos, professores e Estado em uma iniciativa que recupera no jovem o orgulho de contribuir para a administração do bem comum, gera muitos primeiros empregos e traz eficiência para a máquina pública.

Fala-se muito que o Estado é inchado. Não concordo necessariamente com isso. Simplesmente porque é difícil mensurar. Sei que é ineficiente, porque os serviços não chegam com qualidade à população (às vezes sequer chegam). Sei também que a média dos funcionários públicos não dá sempre o seu melhor, porque a motivação, como vimos há pouco, parece não se alinhar necessariamente com o bom funcionamento da máquina. Mas como garantir que é inchado, se os serviços ainda faltam?

Pode ser que o Estado seja pequeno para o que precisamos. Só saberemos quando tivermos um Estado eficiente. Qualquer tentativa de diminuí-lo antes disso me parece uma ação para tomar poder para a iniciativa privada e fortalecer o *status quo* dos que controlam a economia do país.

Bem, essas são apenas ideias que tenho. Infelizmente, porém, mesmo que sejam boas, que fossem implementadas e dessem certo (sim, porque existem ideias boas que são implementadas e não dão certo!), isso faria somente com que a máquina começasse a caminhar na direção correta.

E o que fazer nesse meio-tempo? Esperar? E deixar que as condições sigam injustas e avassaladoras para a maior parte da população, até que os serviços públicos passem a ter maior qualidade e todos possam competir em igualdade (ou pelo menos similaridade) de condições? Não parece a melhor maneira, deve haver uma forma de endereçar esse "meio do caminho", provendo de soluções a curto e médio prazos que equilibrem um pouco mais o jogo. E elas existem, apesar de muitas vezes serem criticadas de forma simplista e até caricata por boa parte da população, como o regime de cotas.

O REGIME DE COTAS

O regime de cotas é visto com terror pelos adeptos das teses de que o mundo ideal é o da livre competição e dos resultados

O MODELO IDEAL DE GOVERNO

meritocráticos. "Não há nada que fira mais esse conceito do que atribuir cotas do que quer que seja para pessoas que não tiveram mérito para estar lá. Fazê-lo somente desestimula os que mereceriam a posição por seus resultados, gera ineficiência e injustiça no sistema", dizem eles.

Será que é mesmo essa a realidade? Analisemos o caso das universidades públicas, por exemplo, onde o regime de cotas tem sido usado (e criticado) já há vários anos.

O Brasil é um dos países que oferece educação superior de qualidade e gratuita para seus habitantes. É claro que, como boa parte dos serviços públicos do país, existem ineficiências, sucateamento de ativos, paralisações frequentes (na maioria das vezes justas) por melhores condições de trabalho, e vários outros problemas. Mas é inegável que as faculdades e universidades públicas estão entre as instituições de nível superior mais respeitadas do país. O fato de serem gratuitas teoricamente cumpriria o papel de igualar as condições competitivas de ingresso no mercado de trabalho para parcela significativa da população. No entanto, uma breve análise mostra que não é bem assim que as coisas funcionam.

O vestibular da Fuvest, responsável por selecionar alunos para a melhor universidade pública de São Paulo, por exemplo, registra um número de candidatos brancos acima de 80%, enquanto mais de 50% da população brasileira se declara negra ou parda. Os cursos de medicina, psicologia, jornalismo e outros muito disputados registram um percentual acima de 40% de alunos aprovados com renda familiar acima de R$ 10 mil (valores de 2015) – um percentual muito acima do da população que declara tal renda. O que será que isso significa?

O QUE OS DONOS DO PODER NÃO QUEREM QUE...

Claramente, significa que a universidade pública acaba privilegiando a população que teve melhor preparo durante o ensino básico. Mais ainda: privilegia a parcela da população que teve acesso a melhores condições de vida. O vestibular dessas universidades é um perfeito exemplo de uma competição que mede com uma mesma régua competidores que são de categorias diferentes. É algo que só alimenta a concentração de recursos e meios da sociedade.

O regime de cotas para a universidade funciona como um handicap no esporte, ou seja, equilibra-se a desvantagem inicial dando-se alguns pontos para os que chegaram mais fracos. O ponto é que a grande maioria dos candidatos que ganham o handicap não teve as mesmas oportunidades para chegar em igualdade de condição à disputa.

Os críticos ao sistema de cotas alegam que é injusto uma pessoa passar no exame vestibular tendo acertado menos questões do teste. É verdade, não há o que negar. A frase, sem qualquer informação extra, é perfeitamente correta e inquestionável. Mas e toda a injustiça que precede o exame? Deveria ela aprisionar para sempre a possibilidade dessa parte da população adquirir conhecimento?

A mesma estratégia que discutimos em um capítulo anterior – a de encontrar os "seus Zés" que conseguiram estudar em uma escola pública e passar nos primeiros lugares nos exames dessas universidades – é utilizada pelos críticos do sistema de cotas: "Estão vendo? Basta se esforçar que passarão!" É o caso real *isolado* derrubando as avassaladoras estatísticas *contrárias*. É fácil jogar a culpa nas pessoas e tirá-las do sistema, principalmente quando os responsáveis pelo "sistema" somos nós.

O MODELO IDEAL DE GOVERNO

Vale a pena frisar que os vestibulandos admitidos pelo regime de cotas ocupam as vagas dos *últimos* colocados na competição normal. E esses vestibulandos serão os primeiros colocados do regime de cotas. Ou seja, negar aos que conseguiram se destacar como melhores de uma parcela da população injustiçada vagas que seriam ocupadas pelos últimos colocados (entre os aprovados) da parcela da população que tem melhores condições é negar o mínimo de mobilidade social assistida aos que merecem uma chance. Por fim, vale lembrar que "cotas" para quem tem dinheiro também existem, representadas por milhares de faculdades privadas nas quais quem tiver condições de pagar será automaticamente aprovado e pode assim continuar sua busca por conhecimento.

Usei o exemplo da universidade por ser o mais didático. Poderíamos ter usado o de outras "competições" em que também existe o regime de cotas (por exemplo, a busca por empregos). Para quase todas, o mesmo raciocínio parece valer.

Por que esse assunto ficou no capítulo sobre modelos de governo? Porque são maneiras de o Estado interferir diretamente, através de sua máquina, empresas, instituições e regras, para contribuir com a *diminuição* do desequilíbrio de oportunidades e meios e assim gerar justiça social.

OS VILÕES CORRETOS

A motivação deste livro é discutir fatos que ilustrem a enorme diferença que existe entre o mundo que vemos e aquele que é o real, escondido pela propaganda das pessoas, empresas e países. Em

O QUE OS DONOS DO PODER NÃO QUEREM QUE...

meio aos fatos, é claro, existem algumas opiniões e posicionamentos pessoais (como fiz no último capítulo), mas a linha mestra é sempre a de pontuar o abismo entre percepção e realidade.

E o que mais me preocupa como engenheiro, cientista e ex-aluno de economia ao avançar sobre esse tema é perceber como gastamos esforços e recursos financeiros na direção errada ao ter uma leitura errada do mundo. Sem perceber, e vítimas de um sistema que direciona vontades e emoções na direção de *manter as coisas como elas são*, acabamos lutando pelas bandeiras erradas e usando recursos limitados para trazer pouco ou nenhum benefício direto para nossa vida (e muitos para a vida de outros poucos).

O preconceito e a criação de tabus ajudam muito no propósito malicioso de manter as estruturas existentes de poder. Leva a opinião pública para um lado que fortalece ainda mais os vilões desse jogo, que com seus produtos e serviços dia a dia empobrecem, dominam e matam milhões de pessoas.

A indústria dos entorpecentes é um dos melhores exemplos de como nutrir o preconceito e direcionar as informações para onde se deseja, usando casos reais para mascarar estatísticas e manter a cortina de fumaça que o protege.

Meu interesse por entender essa indústria, curiosamente, não veio pelo uso dessas substâncias, apesar de ter passado boa parte da vida sendo um consumidor de bebidas alcoólicas (o famoso "bebo socialmente"). Mesmo isso é cada vez mais raro em minha vida. Sempre tive ojeriza por cigarros, medo das drogas chamadas "pesadas" e, nas poucas vezes que experimentei um cigarro de maconha com meus amigos de faculdade, não curti, nem senti a tal "onda" prometida.

O MODELO IDEAL DE GOVERNO

O interesse pelo assunto veio após uma visita que fiz a uma das maiores empresas do mundo do setor de bebidas alcoólicas para conversar com seus diretores. Controlada por indivíduos que estão entre os homens mais ricos do mundo, o modelo de gestão da empresa é utilizado como exemplo de sucesso a ser seguido e ensinado em faculdades e em cursos ao redor do mundo capitalista.

O sonho de muitos é que esse modelo fosse adotado por todas as empresas, governos e outras instituições. Seria a salvação deste mundo ineficiente e a vitória da meritocracia sobre todos os outros modelos. Durante a conversa com o executivo responsável por toda a área de recursos humanos do grupo, ele me deu uma informação que me chocou. Disse, cheio de orgulho, que todos os indicadores de eficiência, produtividade e lucratividade da empresa vinham subindo a dois dígitos (acima de 10%) todos os anos, ao longo dos últimos dez anos. Mas não foi essa a informação que me impressionou. Foi a que veio a seguir. Disse que o único indicador que não conseguiam melhorar ano após ano, e que na verdade estava piorando, era o que media a qualidade de vida das pessoas que trabalhavam na empresa. Na verdade, ele não deu muita importância para esse último dado – quem se importou fui eu.

Fui para casa pensativo naquele dia. Em minhas aulas de cálculo e de física na faculdade de engenharia, para compreender e tangibilizar uma equação matemática, usávamos a técnica de levar suas variáveis aos limites de zero e de infinito. Fiz o mesmo com aquela empresa. Imaginei que o sonho dos "capitalistas liberais" fosse realizado, e a companhia inspirasse todos os governos e empresas do mundo a usar seu modelo. Teríamos

O QUE OS DONOS DO PODER NÃO QUEREM QUE...

possivelmente um mundo mais eficiente, mas todos os anos menos feliz. Imaginei, então, o perigo que aquela empresa idolatrada por tantos significava. Com suas altíssimas taxas de crescimento, empregava todos os anos mais e mais pessoas ao redor do mundo levando *infelicidade* para cada vez mais pessoas, afastando famílias, tirando as pessoas da vida saudável e gerando uma corrida estressante e desenfreada por metas móveis que nunca chegavam. Mas era pior do que isso! Essa empresa produzia cerveja! Crescer exponencialmente significava que cada vez mais cervejas estariam chegando às mãos das pessoas ao redor do mundo, destruindo assim uma infinidade de vidas e famílias.

E como é que podemos torcer tanto para uma empresa que leva infelicidade para quem trabalha nela e vício e insalubridade para quem consome seus produtos? A resposta está no fato de que não é essa a empresa que vemos sendo anunciada.

Vejam, a própria discussão em torno da questão dos entorpecentes, patrocinada e manipulada por empresas como esta, é emblemática como exemplo do abismo entre *percepção* e *realidade* que temos no mundo. E sobre a qual gostaria de colocar alguns dados para que o leitor possa também sofisticar sua discussão – de imensa importância para a sociedade.

DROGAS E GOVERNOS

Após estudar um pouco mais a fundo a indústria dos entorpecentes legais e ilegais, me tornei um grande crítico das políticas públicas atuais. Afinal, se o objetivo dos governos

O MODELO IDEAL DE GOVERNO

é tornar alguns poucos indivíduos muito ricos em detrimento da saúde de boa parte da população, eles têm feito um excelente trabalho. Entre os homens mais ricos do mundo estão vários donos de empresas que fabricam cigarros e bebidas alcoólicas. Agora, se o interesse dos governos é levar qualidade de vida, saúde e felicidade para a população, tudo parece estar errado.

As maiores causas de morte "evitável" no mundo são (disparado!) o consumo de bebidas alcoólicas e o tabagismo. Só no Brasil, estima-se que, por ano, um número entre 50 e 100 mil pessoas morram vítimas do consumo excessivo de álcool. O cigarro mata ainda mais, sendo responsável por um total de mais de 200 mil mortes anualmente! Ambos matam mais do que, por exemplo, todos os homicídios registrados no mesmo período. Ou mais do que o total de acidentes no trânsito em todo o país.

Em relação às drogas ilícitas, então, a proporção é absurda. A cocaína é responsável por menos de 1% das mortes por entorpecentes quando computamos nesse grupo o tabaco e as bebidas alcoólicas. A maconha, pelo menos por overdose, não registrou uma morte sequer ao longo dos últimos anos. Poderia ser porque é proibida e, portanto, teríamos uma prova de que a proibição é eficaz. Infelizmente não é o caso, dado que pesquisas mostram que uma parcela relevante da população já experimentou ou usa essas drogas regularmente.

Experimentos científicos mostram que um fumante teria de fumar mais de meia tonelada de maconha em menos de 15 minutos para induzir uma resposta letal. Outros mostram que o álcool é 114 vezes mais letal que a maconha quando

O QUE OS DONOS DO PODER NÃO QUEREM QUE...

considerados também os efeitos indiretos dos dois (dado que a morte por overdose de maconha é estatisticamente irrelevante). A Universidade de Columbia, nos Estados Unidos, mostrou que o risco de gerar um acidente embriagado é quase oito vezes maior que "chapado". Então por que as baterias estão voltadas com tanto ímpeto para essas drogas e quase nunca para o álcool e o tabaco?

Antes de responder, é importante deixar claro que esta abordagem não é uma defesa do uso da maconha ou de outras drogas. Muito menos de sua legalização. Mas também não é uma defesa de sua criminalização. É uma discussão sobre fatos estatísticos e um questionamento sobre as políticas públicas de prevenção do uso de drogas.

A proteção por parte dos governos em relação à indústria do álcool e do tabaco existe porque o maior sócio dessas indústrias... são os próprios governos! Sim! Não se coloca dessa maneira, é claro, mas na prática é isso que acontece. O que os governos fazem para se tornar sócios dessas empresas e *ainda* usar (para a sociedade) o discurso de que age ativamente para combatê-las é: colocar alíquotas de imposto muito altas em cima desses produtos. Pronto! Assim você acha que os governos combatem as drogas, mas, *na verdade*, os governos ganham uma fatia enorme (a maior delas) do lucro gerado pelos milhões de viciados em álcool e tabaco ao redor do mundo. E poderia existir um alinhamento maior de interesses entre sócios do que esse?

É por isso que não se fala em *proibir* o consumo de cigarros ou bebidas alcoólicas. Falar assim poderia revelar um discurso arcaico, autoritário, extremista. O que – olhando os fatos – é

O MODELO IDEAL DE GOVERNO

curioso, porque drogas que causam menos danos, como mostrei anteriormente, são combatidas com todo ímpeto, criminalizadas e – ainda mais – seus usuários sofrem enorme preconceito da sociedade. E quanto à proibição das drogas ilícitas? Seria então pelo fato de essas drogas ilícitas financiarem uma indústria marginal, que gera mortes, roubos e outros crimes?

Lembrem-se dos dados do início deste capítulo: se 100% dos homicídios do Brasil fossem gerados pelos usuários de maconha e pela indústria do tráfico que ela financia, mesmo assim ela mataria menos do que o cigarro. Como são escolhidas, então, quais drogas podem e quais não podem ser utilizadas? Qual a lógica?

A verdade é que a lógica é toda econômica. Não busquem uma lógica científica porque não há. Não é a droga que deixa mais "doidão" que é proibida; isso faria do absinto, da vodca e da cachaça bebidas a serem banidas para sempre. Não é a que deixa mais agressivo: isso faria das misturas entre energéticos e álcool um caso de polícia. São proibidas as que têm produção menor e que são competidoras das *duopolistas* álcool e tabaco.

Eu seria capaz de apostar que, quando se tornarem legais, serão produzidas pelas empresas que hoje já dominam o mercado de entorpecentes lícitos. Essa é a condição.

O ponto é: se devemos proibir drogas que fazem mal, destroem vidas e famílias e matam, que se imponha uma proibição para o álcool e o tabaco. Não apenas com uma foto feia atrás do maço de cigarros ou uma "advertência" do Ministério da Saúde de que aquilo faz mal ou que deve ser utilizado "com moderação". Isso serve apenas para chancelar a atividade e o produto, *tornando-o legal e adequado, não mais passível de imposições ou críticas.*

O QUE OS DONOS DO PODER NÁO QUEREM QUE...

Ou, se realmente não é isso que motiva a proibição das drogas, que se descriminalizem as que são menos prejudiciais, tornando legal e visível todo seu processo de fabricação, venda e uso. E, mais importante do que isso, tirando o preconceito sobre seus usuários, que não são *piores ou melhores* do que os viciados em álcool ou cigarro.

Por fim, tenho opinião formada de que deveria ser proibida toda e qualquer propaganda de bebida alcoólica, em qualquer meio de comunicação. É um absurdo permitirmos que a segunda maior causa de morte "evitável" do mundo, um dos maiores incitadores de violência e geradores de custos para os sistemas públicos de saúde, tenha o direito de fazer propaganda! É como se fosse permitido aparecer na televisão uma propaganda de pílula que transmite câncer tentando convencer você a tomá-la. Difícil é imaginar quem teria coragem de liderar uma iniciativa nesse sentido. Da forma como eu vejo, há pouca diferença entre os empresários donos dessas empresas e os barões do tráfico ou das armas... Na verdade os segundos matam bem menos do que os primeiros.

6. OS IMPOSTOS NO CAPITALISMO

Esse tema daria, sozinho, um livro. Talvez até mais polêmico do que este. É impressionante como a discussão sobre o papel dos impostos e a sua lógica de cobrança no capitalismo é distorcida. A verdade, mais uma vez, é que os impostos contribuem para uma enorme transferência de riqueza de pobres para ricos. Principalmente em países como o Brasil. Pronto, mais inimizades. Sem problemas, o livro está chegando ao final, portanto relaxe que a raiva daqui a pouco passa.

As pessoas costumam olhar a palavra "imposto" e imediatamente pensar no imposto de renda, aquele que pagam sobre o quanto ganham de salário ou sobre o quanto lucram em sua empresa. E, olhando sob esse prisma, realmente existe uma alíquota que é crescente à medida que a renda se torna maior. O problema é que esse imposto é somente uma parcela (acreditem, pequena) dos impostos que pagamos. A maior parte dos impostos, pelo menos no Brasil, é paga embutida nos produtos ou serviços que consumimos.

O QUE OS DONOS DO PODER NÃO QUEREM QUE...

Novamente, convido os leitores a seguirem o caminho do dinheiro, do começo ao final. Quando uma empresa decide prestar um serviço ou produzir um produto, faz um plano de negócios. Nesse plano de negócios, detalha todas as receitas e despesas que pretende concretizar quando iniciar suas operações. Entre as despesas, uma das maiores (em muitos casos a maior individualmente) são os impostos diretos e indiretos. Valendo-se do mesmo raciocínio que usamos no caso dos planos de saúde, esse "custo" é integralmente repassado ao custo de seus produtos ou serviços. A lucratividade de uma empresa é planejada, projetada e avaliada sempre após o pagamento de impostos.

Quando chega ao produto, o imposto torna-se uma parcela de seu preço. E, diferentemente do que acontece no imposto de renda, esse imposto é um valor fixo, que será pago igualmente, independentemente da renda da pessoa que estiver contratando o serviço ou comprando o produto. E aqui a matemática é simples: se um valor é fixo, igual para duas pessoas, e uma tem uma renda muito maior do que a outra, para qual das duas esse valor representa percentualmente um número maior? Claro que para aquela que ganha menos! E é exatamente por isso que as pessoas que recebem pouco no Brasil têm uma carga tributária muito maior do que as que recebem muito!

Pense que uma pessoa que ganha R$ 1.500, R$ 2 mil por mês usa todo o seu dinheiro (normalmente um pouco mais do que ele, se endividando) para comprar artigos básicos de sobrevivência. Logo, todo o seu dinheiro é gasto em produtos e serviços, cuja carga tributária total, fruto de todos os impostos incidentes em cascata nas várias camadas de produção, distribuição e venda,

OS IMPOSTOS NO CAPITALISMO

chega a ser mais da metade do valor pago. Mas para onde vai esse dinheiro que consome mais de metade da renda dos que pouco ganham, aqueles que são apontados como os que "não pagam impostos", porque estão na faixa de isenção de imposto de renda?

O dinheiro pago em impostos vai para o governo, que tem contas a pagar para que o país, estado ou município sigam funcionando da melhor maneira possível. Só que, entre essas contas, uma se destaca como a maior de todas: o pagamento de juros, de uma dívida que o governo tem com quem lhe empresta dinheiro e que no Brasil é hoje superior a R$ 3 trilhões. Agora, adivinhem quem são os maiores detentores dessas dívidas? Os fundos de investimento, os bancos, os fundos de previdência e os investidores estrangeiros. Logo, seguindo o dinheiro do começo ao final, vemos que parte dos impostos pagos pelos ricos voltam em forma de juros dos títulos de renda fixa que possuem em seus investimentos. No caso dos pobres, boa parte dos impostos que pagam não chega sequer a voltar em serviços para uma melhor qualidade de vida, parando antes no bolso dos ricos. A velha história de que o rio corre para o mar.

Isso não tem nada a ver com aquela história de que o país deve declarar moratória, de que não deveria mais pagar sua dívida, ou coisas do gênero. É somente um fluxo financeiro que, ao demonstrar o caminho do dinheiro, nos faz entender um pouco quem está pagando a conta de quem e talvez nos sensibilize a distribuir de maneira mais justa (ou cobrar de maneira mais justa) os impostos que são pagos.

Podem surgir daí muitas ideias. Pessoalmente tenho várias. Como já disse, isso sozinho seria assunto para escrever um livro

O QUE OS DONOS DO PODER NÃO QUEREM QUE...

inteiro. Mas uma hipótese é a que mais me agrada, e facilmente poderia ser implementada trazendo grandes ganhos aos cidadãos e aos governos. Trata-se da Nota Fiscal Paulista Invertida ou, como gosto de batizá-la, a Nota da Transparência.

A referência à Nota Fiscal Paulista é porque foi ela que me inspirou a ter essa ideia. A Nota Fiscal Paulista é talvez o maior caso de sucesso no Brasil relativo ao aumento da eficácia de arrecadação de impostos. Foi criada em 2007 para incentivar as pessoas a pedirem a nota fiscal dos produtos comprados em estabelecimentos, em troca de receberem creditada em uma conta associada ao seu CPF uma parte dos impostos recolhidos pela empresa. A lógica era a de que a quantidade de vendas sem nota era tão grande, que o valor devolvido aos consumidores seria muito menor do que o aumento de arrecadação pela exigência da nota fiscal por parte das pessoas. Uma forma barata de contratar "fiscais da receita espalhados" em cada esquina do maior centro financeiro do país.

E não foram poucos os "fiscais" que se cadastraram. Atualmente, um contingente de quase 20 milhões de pessoas faz parte desse programa, que já distribuiu quase R$ 15 bilhões em créditos. Pense que R$ 15 bilhões são uma pequena fração do imposto que foi recolhido ajudado pela iniciativa dessas pessoas de pedirem a nota fiscal ao fazerem suas compras. Ponto para a ótima ideia!

Parte do problema foi resolvido, os impostos estão sendo recolhidos! Mas e a outra parte, talvez a mais importante, sobre como esses recursos estão sendo gastos? Será que quase todo esse dinheiro está sendo usado para pagar juros e estamos

OS IMPOSTOS NO CAPITALISMO

"enxugando gelo"? Será que está sendo usado para construir pontes, escolas e hospitais? Está escorrendo pelo ralo da corrupção? Pergunte a dez amigos seus e perceba que cada um terá uma opinião diferente. Provavelmente todas erradas ou pelo menos muito distorcidas pelos mitos e exageros propagados aos quatro ventos, aos quais estamos expostos diariamente. E, como com qualquer outro assunto, o primeiro passo para arrumar a casa é entender o que está desorganizado. Discutir sem conhecer vira briga de torcida...

Minha sugestão é que, da mesma forma que, quando entramos no site da Nota Fiscal Paulista hoje em dia somos capazes de ver todos os estabelecimentos que visitamos, todos os impostos que pagamos e todos os créditos que recebemos, que possamos também ter um site do governo onde possamos ver o total de todos os impostos que pagamos e uma descrição de onde foi parar cada centavo do que foi pago. Totalmente viável: a ideia vem do fato de que o dinheiro pago em impostos é "carimbado" e, portanto, podemos segui-lo do início ao final do processo. Se não fosse carimbado, não teríamos como verificar as contas e histórico de créditos da Nota Fiscal Paulista.

Na "Nota da Transparência" que proponho, você entraria em um site com seu CPF e senha e veria, por exemplo, que pagou R$ 30 mil em impostos ao longo do ano. E aí veria que R$ 10 mil foram utilizados para pagar juros da dívida, R$ 1 mil para recuperação da rodovia BR-101, R$ 200 para a reforma do hospital federal XYZ, e assim por diante. Veja que os usos deveriam especificar o nome de cada projeto, e não somente "construção de escolas" ou "recuperação de rodovias". Daí viria

O QUE OS DONOS DO PODER NÃO QUEREM QUE...

já o primeiro grande ganho da ideia, que seria dar o poder de fiscalização aos cidadãos. Se você vê que parte do seu imposto foi destinada a uma obra X e sabe que a obra X está parada, há algo de estranho no ar.

O segundo benefício que a ideia traria seria permitir às pessoas um grau de sensibilidade maior sobre onde o governo gasta dinheiro, e assim entender o que deve ter prioridade em termos de esforços para melhorias e ganhos de eficiência. Por exemplo, vejo muitas pessoas revoltadas com os gastos do país em iniciativas que, na visão deles, nada contribuem para o crescimento da economia, como as iniciativas culturais. Essas mesmas pessoas são incapazes de refletir sobre o patamar das taxas de juros reais do país, uma das maiores do mundo. Se verificassem o uso dos impostos que pagam para o governo federal, perceberiam que, dos R$ 30 mil pagos (no exemplo dado há pouco), pouco mais de R$ 30 seriam destinados à cultura contra mais de R$ 10 mil reais para pagar encargos (juros) e refinanciamento da dívida pública e outros quase R$ 10 mil para despesas com a previdência (estes percentuais são reais e não mais exemplos aleatórios). Será que os R$ 30 são o vilão da história? Será que vale a pena para um país sem cultura, sem identidade e sem atividades de lazer (que geram também emprego e crescimento) economizar tão pouco?

Não quero dizer que os gastos em cultura não possam ser otimizados. Nem que os juros da dívida devam deixar de ser pagos ou que a aposentadoria das pessoas deva ser extinta. O ponto é qualificar a discussão. Entender que uma discussão bem-feita sobre o modelo da previdência é muito mais urgente

OS IMPOSTOS NO CAPITALISMO

do que bravatas contra a cultura. Que um arcabouço econômico financeiro que permita a queda mais rápida dos juros reais é muito mais importante do que demonizar o artista X, Y ou Z.

Sonho ver serem rasgadas essas embalagens que iludem e enviesam as opiniões das pessoas. Menos ódio e mais informação. Uma discussão de qualidade, com pontos de vista distintos, mas calcados em fatos, e não em mitos. Esse me parece ser o único caminho viável. E finalizo este capítulo intitulado "Os impostos no capitalismo", o último deste breve livro, repetindo uma frase que sempre falo em minhas palestras: "O maior imposto que as pessoas pagam é o imposto da ignorância."

CONCLUSÕES

Escrever este livro me exigiu uma coragem enorme. Digo isso porque provavelmente serei vítima do mesmo fenômeno que denuncio ao longo de todas estas páginas: o abismo existente entre *percepção* e *realidade* no mundo onde vivemos.

É um livro fácil de criticar. Principalmente porque, além dos fatos, me aventurei a expor algumas ideias próprias de ações que gostaria de ver testadas. E, como em nenhum dos capítulos deixei de dar exemplos sobre *como percepção e realidade são distintas*, não poderia deixar de fazê-lo aqui também.

A forma mais comum (e mais eficiente) de criticarmos algo é desviar a atenção do que é *real* para aquilo que queremos *fazer o outro ver*. Bem parecido com a técnica usada pelos mágicos já comentada nos capítulos iniciais deste livro. E existem várias maneiras de fazê-lo. Se fosse eu, por exemplo, a pessoa a criticar este livro (e meu objetivo fosse desmerecê-lo), as técnicas a seguir seriam apenas algumas que teria à minha disposição (para quem quiser se aprofundar nesta questão, recomendo o livro *Como vencer um debate sem ter razão*, de Arthur Schopenhauer):

O QUE OS DONOS DO PODER NÃO QUEREM QUE...

1) *Escolheria um ponto frágil do que foi escrito e focaria em desmoralizá-lo e, a partir daí, desqualificaria todo o resto do livro.* Por exemplo: "Aquela história de consultorias privadas gerindo empresas estatais é uma loucura. Quem escreve algo assim só pode desconhecer completamente como funciona uma estatal por dentro. Não entende todo o lado político que existe nessas empresas. É muito ingênuo e quase infantil propor algo assim." (Pronto, não importa se todo o resto do livro fizer sentido, basta isso para colocar tudo numa sacola só e dar uma desculpa para as pessoas não precisarem se preocupar em reavaliar suas ideias e opiniões, questionadas ao longo do livro.)

2) *Resumiria e simplificaria o livro todo em alguns pontos, não necessariamente fiéis à realidade,* mas capazes de confundir e serem "comprados" por quem não quer ter o trabalho de reavaliar suas ideias refletindo sobre o que foi lido. Algo como: "Você leu o livro do Eduardo Moreira? Ele odeia os Estados Unidos, é socialista, a favor da liberação da maconha e tem horror aos ricos!" Pois é, mas nenhuma dessas informações é verdadeira nem correta. Não sou contra os Estados Unidos. Morei lá por três vezes na minha vida, é o país onde vivem alguns de meus melhores amigos e vejo grandes qualidades em muitas coisas que o modelo americano construiu. E não sou também entusiasta do modelo socialista; aliás, todas as ideias expostas no livro só fazem sentido no sistema capitalista. O livro não faz apologia nenhuma ao uso de drogas e não critico os ricos em nenhuma página sem qualificar o que está sendo criticado especificamente. (Mas essa é outra

CONCLUSÕES

técnica que funcionaria muito bem para derrubar tudo o que aqui foi escrito. Políticos costumam utilizá-la a torto e a direito para atacar seus adversários.)

3) *Buscaria contradições entre a vida do autor e o que está escrito no livro,* desqualificando-o, para poder tecer críticas que contradigam sua (aparente) realidade. Assim: "Ele fala mal dos bancos, mas é banqueiro! Critica as privatizações, mas compra ações de empresa privatizada para investir o dinheiro dele" – e outras que a criatividade alheia é capaz de produzir. Como se as pessoas fossem sempre escravas da vida que vivem e não pudessem criticar aquilo de que mais entendem! (É claro, veja: esta é mais uma das técnicas vastamente utilizadas para criticar o que é novo ou diferente e, por isso, ajuda a manter o *status quo.*)

Enfim, existem dezenas de maneiras de liquidar imediatamente o debate proposto neste livro. E não tenho dúvidas de que várias serão colocadas em prática logo após sua leitura. É inevitável que isso aconteça. Como vimos, temos uma tendência quase incontrolável de defender qualquer opinião ou ideia que já tenhamos manifestado alguma vez na vida. E como este livro bate de frente com dezenas delas, dificilmente não acionará o mecanismo automático de defesa das pessoas. E aí, quem será atacado não será o livro: serei eu. Por isso o risco da exposição gerado ao escrevê-lo.

No entanto, eu tinha de fazê-lo. Temos todos uma breve passagem por esta vida. Depois de partir, deixamos somente memórias e ideias. As primeiras costumam durar pouco. As segundas podem durar mais.

Os últimos reveses de saúde que sofri me fizeram pensar muito sobre a vida de uma forma mais ampla. Sobre o que tanto buscamos ao longo de nossos dias. Por que levamos uma vida que, assim que deixa a infância para trás, passa a ser sofrida até o fim. Trabalhar, sofrer e ansiar, todos os dias, com pequenas pausas de alívio e prazer.

A gota de água para escrever o livro veio de algo que meu filho me disse, no hospital, nos dias em que eu estava me recuperando da segunda operação que fiz. Estávamos vendo o seriado *Punho de Ferro*, um dos super-heróis da Marvel. Meu filho tem 7 anos de idade e, ao ver um dos personagens oferecendo dinheiro para que o outro testemunhasse uma mentira, ele disse: "Papai, isso que o moço falou não é certo, né? Ninguém pode obrigar alguém a falar uma coisa que não quer ou que não é verdade dando dinheiro pra ela."

É muito fácil entender isso quando se é criança. E muito difícil não ter "vendido" nossa capacidade de pensar para a máquina propagandista e financeira depois que ficamos mais velhos. No dia seguinte, comecei a escrever este livro. E o fiz num embalo só, terminando o texto poucas semanas depois. Tinha de ser assim, no embalo, senão não o escreveria.

Esta obra me ajudou a coordenar as ideias e estruturar aquilo que penso sobre o mundo. São ideias diferentes do que há por aí nos dois pacotes, o de *esquerda* e o de *direita,* à venda para as pessoas. Eu realmente acredito que o modelo econômico mais estável entre os que existem seja o capitalismo. Simplesmente

CONCLUSÕES

porque somos muito mais selvagens e instintivos do que imaginamos. E o capitalismo reflete mais essa nossa natureza inegavelmente cruel.

No entanto, acredito em um capitalismo em que o Estado e as estatais tenham uma presença grande, muito maior do que têm hoje. Simplesmente porque tenho a convicção de que a iniciativa privada sempre agirá no sentido de concentrar renda e explorar os mais fracos – da maneira mais covarde e dissimulada possível. Penso que, portanto, a única maneira de equilibrar um pouco o jogo e oferecer maior justiça para a competição é ter o Estado, supostamente o guardião fiduciário do dever de levar vida de qualidade para o povo, agindo de forma contundente e ampla.

Porém, como descrito neste livro, acho que esse Estado deva ter uma gestão com participação direta de empresas privadas de consultoria e gestão, que devam ser remuneradas pela sua capacidade de auxiliar o Estado a cumprir seu papel fiduciário.

Como disse, não tenho a menor expectativa de que esse Estado que imagino *ideal* seja rápido e lucrativo como uma empresa privada. Mas isso não me incomoda; afinal, de que adianta muita velocidade se não existe uma linha de chegada nessa corrida? Ou então, de que vale se toda a rapidez proposta pela iniciativa privada se reflete em benefícios cada vez mais mal distribuídos? Se a qualidade de vida das pessoas, o tempo com os seus filhos e a sua saúde estão cada vez mais pobres?

O Estado tem, sim, de buscar eficiência. E isso não significa necessariamente dar o maior lucro. Significa não desperdiçar talentos e oportunidades. Como um restaurante que precisa

O QUE OS DONOS DO PODER NÃO QUEREM QUE...

manter um estoque otimizado para os alimentos não estragarem – independentemente do efeito disso no seu lucro. Mas é claro que um estoque otimizado e eficiente aumentará o lucro do restaurante, como um Estado que seja eficiente terá também contas equilibradas.

Por fim, sonho em ver uma sociedade que lute menos para defender o seu *status quo* e que procure entendê-lo um pouco mais. Que questione tudo e procure saber se realmente a visão das coisas corresponde ao que elas são de verdade. A lista de tópicos para refletir é quase infinita e, por comodidade (ou talvez por preguiça), explorei apenas alguns que considerei mais didáticos.

Façam o exercício de vocês. Questionem-se, por exemplo, por que lutam com tanto vigor para que nenhum país construa uma bomba atômica, mas não se incomodam de os Estados Unidos e a Rússia manterem milhares delas. Irã e Coreia do Norte, como exemplos, são demonizados por buscarem essa tecnologia. Por que será que vemos tanto problema nisso? "Porque eles têm dirigentes excêntricos e ousados!" – alguém diria. Ok, e os Estados Unidos e a Rússia com seus Trumps e Putins não têm? "Mas Estados Unidos e Rússia terem suas bombas é bom, pois assim o mundo fica com medo e não haverá mais guerras" – argumentariam outros. E, se é assim, por que não podemos ter as nossas?

Não, eu não acho que o Brasil deveria ter uma bomba nuclear nem que o regime da Coreia do Norte é exemplo daquilo em que acredito. O que quero é realmente provocar para chamar as pessoas à realidade. É um duro exercício descobrir, por exemplo,

126

CONCLUSÕES

que temos nossos "carrascos de estimação". Protegemos quem nos explora. Sejam eles outros países ou outras pessoas em nossa própria nação ou empresa.

A busca pela verdade é muito mais difícil quando se nutrem ódio e embate agressivos. Mas é isso que somos estimulados a fazer pelo sistema: brigar, e brigar feio entre nós, porque essa é a melhor maneira de esconder as artimanhas e armadilhas do mundo que há por aí.

Este livro pode ter incomodado muita gente. Pode ter frustrado e até mesmo envergonhado outros. Mas depois de ter ouvido o que Francisco, meu filho, disse, não poderia deixar de escrevê-lo. Ninguém deve ser impedido de ser fiel ao que acredita nem de falar a verdade, por mais dura, difícil de aceitar e distante da percepção que ela seja. Foi o que fiz. Por Francisco, Catarina e Duda, as pessoas que mais amo na vida.

*O texto deste livro foi composto em
Garamond Pro, em corpo 12/16.*

*A impressão se deu sobre papel off-white
pelo Sistema Cameron da Divisão Gráfica
da Distribuidora Record.*